P.A.U.L. D. Oberstufe

Persönliches Arbeits- und Lesebuch *Deutsch*

Arbeitsheft

Herausgegeben von:
Johannes Diekhans und Michael Fuchs

Erarbeitet von:
Markus Apel
Johannes Diekhans
Michael Fuchs
Timotheus Schwake
Martin Zurwehme

Die Lösungen zu den Übungen befinden sich in der separaten Beilage.

© 2014 Bildungshaus Schulbuchverlage Westermann Schroedel Diesterweg Schöningh Winklers GmbH,
Georg-Westermann-Allee 66, 38104 Braunschweig
www.westermann.de

Druck A¹⁴ / Jahr 2025
Alle Drucke der Serie A sind im Unterricht parallel verwendbar.

Die Seiten dieses Produkts bestehen zu 100 % aus Altpapier.

Damit tragen wir dazu bei, dass Wald geschützt wird, Ressourcen geschont werden und der Einsatz
von Chemikalien reduziert wird. Die Produktion eines Klassensatzes unserer Arbeitshefte aus reinem
Altpapier spart durchschnittlich 12 Kilogramm Holz und 178 Liter Wasser, sie vermeidet 7 Kilogramm
Abfall und reduziert den Ausstoß von Kohlendioxid im Vergleich zu einem Klassensatz aus
Frischfaserpapier. Unser Recyclingpapier ist nach den Richtlinien des Blauen Engels zertifiziert.

Umschlaggestaltung: Nora Krull, Hamburg; Fotos: © Jonathan Smith/Lonely
Planet Images/Getty Images (v. l.), © Thomas Willemsen (v. r.), © Fotex Rainer
Drechsler (h. l.), © Peter Pitsch/peitschphoto.com (h. r.)
Druck und Bindung: Westermann Druck GmbH, Georg-Westermann-Allee 66, 38104 Braunschweig

ISBN 978-3-14-**028262**-8

Lösungen

Mit Sachtexten umgehen

Einen Sachtext verstehen und seinen Inhalt zusammenfassen

Seite 4, Übung 1
Die rechte Grafik macht darauf aufmerksam, dass der Begriff „Negerkuss" als Bezeichnung für eine Süßigkeit eine Metapher ist.
Die linke Grafik macht einerseits darauf aufmerksam, dass der Begriff „Neger" dazu dienen kann, eine Menschengruppe sprachlich herabzusetzen. Andererseits aber zeigt sie auf, dass in Verbindung mit einer Süßigkeit der Begriff „Negerkuss" nicht diskriminierend gemeint sein muss.

Seite 5, Übung 2
Schokokuss, Schaumkuss

Seite 5, Übung 3
Freie Aufgabe

Seite 6, Übung 4
Freie Aufgabe

Seite 6, Übung 5
Der Sachtext informiert über die Absicht verschiedener Kinder- und Jugendbuchverlage, in dort erscheinenden Büchern als rassistisch empfundene Wörter auszutauschen bzw. zu streichen.

Seite 6, Übung 6
In dem Bericht mit der Schlagzeile „Kinderbücher werden angepasst", der am 4. Januar 2013 auf dem Online-Portal des Nachrichtensenders n-tv erschien, wird über die Absicht verschiedener Kinder- und Jugendbuchverlage informiert, in dort erscheinenden Büchern als rassistisch empfundene Wörter auszutauschen.

Seite 6, Übung 7
Abschnitt 1: Die Absicht verschiedener Verlage, umstrittene Wörter wie „Zigeuner" oder „Neger" nicht mehr zu verwenden
Abschnitt 2: Die Entscheidung des Thienemann Verlags, Kinder- und Jugendbücher zu ändern, und deren Begründung durch den Verleger Klaus Willberg
Abschnitt 3: Die vorausgegangene Entscheidung des Friedrich Oetinger Verlags und die Einstellung der Bundesfamilienministerin Kristina Schröder
Abschnitt 4: Die nach Aussage von Klaus Willberg veränderte Einstellung Otfried Preußlers

Seite 6, Übung 8
Kinderbücher werden angepasst – Eine inhaltliche Zusammenfassung des Sachtextes
In dem Bericht mit der Schlagzeile „Kinderbücher werden angepasst", der am 4. Januar 2013 auf dem Online-Portal des Nachrichtensenders n-tv erschien, wird über die Absicht verschiedener Kinder- und Jugendbuchverlage informiert, in dort erscheinenden Büchern als rassistisch empfundene Wörter auszutauschen.
Zunächst erfährt der Leser bzw. die Leserin, dass der Thienemann Verlag diesen Entschluss gefasst hat, um sich dem veränderten politischen Bewusstsein anzupassen. Demnach sollen alle dort erscheinenden Kinderbuchklassiker entsprechend geändert werden.
Im weiteren Verlauf wird darauf verwiesen, dass der Oetinger Verlag diese Änderungen bereits vier Jahre zuvor vorgenommen hat. In diesem Teil wird auch Bezug genommen auf die Einstellung der Bundesfamilienministerin Kristina Schröder, die, wenn sie ihrer Tochter vorliest, dem Text zufolge diskriminierende Wörter auslässt.
Abschließend wird darüber informiert, dass sich Otfried Preußler in der Vergangenheit immer wieder geweigert habe, seine Texte zu ändern, kurz vor seinem Tod jedoch nach Aussage des Verlegers Klaus Willberg zu einer anderen Einstellung gelangt sei.

Seite 7, **Übung 9**	Freie Aufgabe
Seite 9, **Übung 10**	In dem Text geht es darum, dass mit Sprache Menschen verletzt werden können und wie eine solche Verletzung vermieden werden kann.
Seite 9, **Übung 11**	„Sprachreglementierungen" (Z. 7): *Vorschriften für einen bestimmten Sprachgebrauch* „Diskriminierung" (Z. 11): *Herabwürdigung von Menschengruppen oder auch einzelnen Personen aufgrund bestimmter Merkmale (Hautfarbe, politische Einstellung, Religion, Behinderung)* „Euphemisierung" (Z. 37): *eine Sache sprachlich besser erscheinen lassen* „Sexismus" (Z. 42): *Benachteiligung wegen des Geschlechts* „Konnotation" (Z. 47): *wertende Nebenbedeutung eines Wortes*

<table>
<tr><td>Seite 10,
Übung 12</td><td>
<ul>
<li>Welche Beispiele aus dem Deutschen nennt der Text, bei denen Sprachänderungen vorgeschlagen wurden, um Diskriminierungen zu vermeiden?
Antwort: Nennung von männlicher und weiblicher Form (Ärztinnen und Ärzte), Binnen-I-Schreibung (LehrerInnen), neutrale Formulierungen (Arbeitnehmende), Raumpflegerin, facility manager (Z. 17ff.)</li>
<li>Wobei gibt es laut der Verfasserin die meisten Unsicherheiten der korrekten Sprachbezeichnung?
Antwort: bei der Kommunikation mit und über bestimmte diskriminierende Personengruppen (Z. 65f.)</li>
<li>Was versteht die Verfasserin unter Euphemismusketten?
Antwort: Die ursprünglich negative Konnotation eines Begriffs kann sich auch auf die neue Wortschöpfung übertragen und so einen erneuten Begriffswechsel notwendig machen (Z. 46–48, 59ff.).</li>
</ul>
</td></tr>
</table>

Seite 10, **Übung 13**	Freie Aufgabe

Seite 10, **Übung 14**	

Abschnitt	Überschrift
1 (Z. 1–14)	Hinführung zum Thema: Anliegen der Verfechter einer „politisch korrekten" Sprache
2 (Z. 15–32)	Konkrete Beispiele für PC aus der deutschen Sprache
3 (Z. 33–45)	Zwei Einwände, die bestreiten, dass Sprachregelungen Diskriminierung eindämmen können
4 (Z. 46–64)	Beispiele für Abnutzungserscheinungen der neuen „politisch korrekten" Ersatzausdrücke (Euphemismusketten)
5 (Z. 65–83)	PC bei der Kommunikation mit und über diskriminierte Personengruppen
6 (Z. 84–92)	Appell: Überprüfung der eigenen Sprachverwendung und Beachtung des Kommunikationszusammenhangs

Seite 11, **Übung 15**	Die Einleitung ist unvollständig. In der Einleitung wird das Thema nicht präzise erfasst.
Seite 11, **Übung 16**	Beispiel: In dem informierenden Sachtext „Politisch korrekte Sprachverwendung" von Iris Forster, erschienen in „Bundeszentrale für politische Bildung (Hrsg.): Sprache und Politik, 2010", geht es darum, dass mit Sprache Menschen verletzt werden können und wie eine solche Verletzung vermieden werden kann.
Seite 11, **Übung 17**	In dem ersten Abschnitt, der die Zeilen 1–14 **umfasst, benennt** die Verfasserin als zentrale Themenstellung des Sachtextes das Bemühen einiger Sprachkritiker, in der deutschen Sprache Begriffe, die bestimmte Menschengruppen **diskriminieren** könnten, durch „politisch korrekte" Begriffe zu **ersetzen**. Sie **versprächen** sich von der Ersetzung eine Bewusstseinsänderung der Sprachbenutzer, da „Sprache, Denken und damit Handeln" (Z. 6) eng verbunden seien.
Seite 11, **Übung 18**	Freie Aufgabe

Auf der Grundlage von mehreren Sachtexten einen informierenden Text verfassen

Seite 12, Übung 1

Mögliche Überschriften:

Material 1: Grundlegende Informationen zum Projekt „Schule ohne Rassismus – Schule mit Courage"

Material 2: Begriffsbestimmung „Rassismus"

Material 3: Beispiele für Aktivitäten

Seite 14, Übung 2

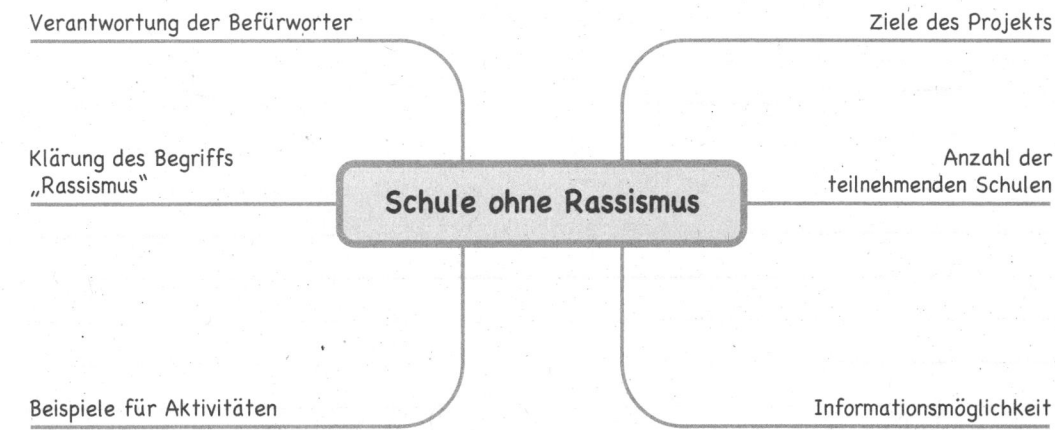

Verantwortung der Befürworter

Ziele des Projekts

Klärung des Begriffs „Rassismus"

Schule ohne Rassismus

Anzahl der teilnehmenden Schulen

Beispiele für Aktivitäten

Informationsmöglichkeit

Seite 14, Übung 3

1   Einleitung

2   Hauptteil/Thema: Was bedeutet „Schule ohne Rassismus – Schule mit Courage"?

2.1 Was ist Rassismus?

2.2 Ziele des Projekts „Schule ohne Rassismus – Schule mit Courage"

2.3 Verantwortung der Befürworter

2.4 Beispiele für Aktivitäten

2.5 Anzahl der teilnehmenden Schulen

3   Schluss mit Hinweis auf Informationsmöglichkeit

Seite 14, Übung 4

Einleitung b) ist besser.

Mögliche Begründung: Einleitung a) ist sehr knapp formuliert. Sie gibt keinen Hinweis auf den Anlass für die Information über das Projekt. Einleitung b) nennt dagegen diesen Anlass und bezieht auch die konkrete Situation an der Schule mit ein. Damit ist das Interesse der Leser potenziell größer, sich mit dem Projekt zu beschäftigen.

Seite 15, Übung 5

Um zu verdeutlichen, was die Schülerinnen und Schüler einer „Schule ohne Rassismus – Schule mit Courage" konkret tun können, werden hier zwei Beispiele vorgestellt, die exemplarisch für eine Reihe weiterer Aktionsmöglichkeiten stehen.

1. Die Schülerinnen und Schüler eines Gymnasiums haben einen Flashmob in einem Einkaufzentrum veranstaltet. Mit einer Tanzdarbietung wollten sie die Besucher des Einkaufzentrums überraschen und so auf das Problem des Rassismus aufmerksam machen.

2. An einer Gesamtschule in Minden werden Schülerinnen und Schüler zu „Web-Wächtern" ausgebildet, um später selbst ihre Mitschülerinnen und Mitschüler auf Gefahren im Umgang mit den neuen Medien aufmerksam machen und vor rechtsradikalen Aktivitäten im Internet warnen zu können.

Seite 15, Übung 6

Schluss b) ist besser.

Mögliche Begründung: Die Zielgruppe wird viel mehr in den Prozess der Entscheidung einbezogen. Der Antrag an den Schülerrat bleibt so nicht die Aktion eines einzelnen Schülers/einer einzelnen Schülerin. Auch der Hinweis auf die Informationsmöglichkeit wirkt in diese Richtung.

Einen argumentativen Sachtext analysieren

Seite 18, Übung 1

- Anlass des Textes ist die Maßnahme des Thienemann Verlages, in Jugendbüchern politisch nicht korrekte Begriffe wie „Neger" durch neutrale Begriffe zu ersetzen.
- Der Verfasser spricht sich gegen die Maßnahme des Thienemann Verlages aus, da er nicht glaubt, dass der Begriff „Neger", wenn er in literarischen Texten benutzt wird, zur Verbreitung des Rassismus beiträgt.

Seite 19, Übung 2

„legendär" (Z. 15): *sehr berühmt*

„Trilogie" (Z. 15): *Werk, das aus drei in sich selbstständigen Teilen besteht*

„Furor" (Z. 19): *Angriffslust*

„Antisemitismus" (Z. 33): *Judenfeindlichkeit*

„Ressentiments" (Z. 34): *Vorurteile, die auf einem Gefühl der Unterlegenheit, des Neids o. Ä. beruhen*

„Kolonialrassismus" (Z. 34): *Feindlichkeit gegen die Bewohner eines kolonialisierten Landes*

„Rollenprosa" (Z. 58): *Die Aussage einer literarischen Figur muss nicht unbedingt mit der Auffassung des Autors übereinstimmen.*

Seite 19, Übung 3

- „Ein Furor politischer Korrektheit verbreitet sich im Land." (Z. 19)

Seite 19, Übung 4

Greiner beginnt seinen Text mit einem Zitat aus dem Grundgesetz, dass keine Zensur stattfinde. Er unterstellt dann im Folgenden den Jugendbuch-Verlagen Zensur auszuüben, damit also gegen das Grundgesetz zu verstoßen.

Auf die erste rhetorische Frage soll der Leser für sich antworten, dass das Ausüben der Zensur ein äußerst bedenklicher Vorgang ist. Bei der zweiten rhetorischen Frage soll der Leser für sich feststellen, dass die Maßnahmen der Jugendbuch-Verlage Zensur bedeuten. Greiner erreicht damit, dass der Leser durch Beantwortung der rhetorischen Fragen selbstständig die Auffassung übernimmt, die Greiner selbst vertritt.

Seite 19, Übung 5

Abschnitt	Inhalt: Was wird gesagt?	Aufgabe/Funktion des Abschnitts	Sprachliche Auffälligkeiten/ rhetorische Figuren und deren Funktion
1 (Z. 1–8)	Die Ersetzung politisch nicht korrekter Begriffe in Kinderbuch-Klassikern ist Zensur oder Fälschung und daher abzulehnen.	Einführung in das Thema; Nennung der Position des Autors gleich zu Beginn des Textes	Zitat aus Grundgesetz als erster Satz des Textes; rhetorische Fragen an den Leser, der den Aussagen des Verfassers zustimmen soll
2 (Z. 9–23)	Nähere Erläuterung des Tatbestandes (Ersetzung politisch nicht korrekter Begriffe) mit Wertung: „Ein Furor politischer Korrektheit verbreitet sich im Land." (Z. 19)	Information des Lesers, andererseits Überzeugung des Lesers	Begriffe als Ersatz (vgl. Z. 11 f.); Hochschätzung des Jugendbuchs „Pippi Langstrumpf" („legendär", Z. 15)
3 (Z. 24–32)	Kritische Überprüfung des Verhaltens der Ministerin, beim Vorlesen eines literarischen Werkes den Begriff „Neger" zu ersetzen	Aufweis, dass das Verhalten der Ministerin nicht sinnvoll ist	Zitate des literarischen Werkes, um den Leser davon zu überzeugen, dass das Verhalten der Ministerin nicht sinnvoll ist

4 (Z. 33–46) und 5 (Z. 47–55)	Anführen der Auffassung eines Rassismusforschers, wonach das bekannte Kinderbuch „Pippi Langstrumpf" rassistisch geprägt sei und Widerlegung dieser Auffassung	Widerlegung eines Argumentes der Gegenseite; Hinweis auf die besondere Bedeutung von Literatur	Wiederum Anführen von Zitaten aus dem kritisierten literarischen Werk
6 (Z. 56–65)	Die Streichung des Begriffs „Neger" in bestimmten literarischen Werken kann auch Geschichtsklitterung bedeuten.	Hinweis auf den Unterschied von Realität und literarischer Fiktion	Zugeständnis an Gegenposition, dass „Neger" ein diskriminierender Begriff ist; Anführung einer literarischen Autorität für die eigene Position
7 (Z. 66–76)	Ablehnung der Auffassung, dass Kinder zu Rassisten werden können, wenn in literarischen Werken der Begriff „Neger" verwendet wird	Zusammenfassung der Position des Verfassers	Herabsetzung der Gegenposition durch Vorwurf der Naivität; rhetorische Frage am Schluss, die der Leser im Sinne des Verfassers beantworten soll

Seite 20, Übung 6

Argumentationstyp	Beispiele mit Zeilenangabe	eigenes Argument?	Argument der Gegenposition?	Widerlegung?
Autoritätsargument (Berufung auf eine/n anerkannte/n Autorität/Experten)	Ministerin Schröder verändert beim Vorlesen für ihre Kinder politisch unkorrekte Begriffe (vgl. Z. 19 ff.).		Ja	Die Veränderung zerstört den Witz der Szene (vgl. Z. 32).
	Rassismusforscher Benz bezeichnet das Jugendbuch „Pippi Langstrumpf" als rassistisch (vgl. Z. 33–35).		Ja	Verwechslung von Realität und literarischer Fiktion (vgl. Z. 47 ff.)
	Berufung auf literarische Autorität, den Schriftsteller Uwe Timm (vgl. Z. 58 ff.)	Ja		
normatives Argument (Bezug auf allgemeine Werte, Gesetze, Normen)	„Pippi Langstrumpf ist nämlich nicht nur ein Kinderbuch, sondern auch ein literarisches Meisterwerk." (Z. 49 f.)	Ja		
	„Man könne den historischen Wortgebrauch nicht einfach übergehen und quasi eine reine Sprache herstellen. Das wäre Geschichtsklitterung." (Z. 64 f.)	Ja		

	„Glaubt im Ernst jemand, man erziehe Astrid-Lindgren-Leser zu Rassisten, wenn man den Text nicht reinige?" (Z. 75 f.)	Ja		
Faktenargument (Unstrittige, nachvollziehbare Tatsache unterstützt eine Aussage.)	„Selbstverständlich ist es die Aufgabe eines Rassismusforscher, Rassismus ausfindig zu machen [...]" (Z. 47 f.).	Ja (Zugeständnis an Position der Gegenseite)		

Seite 21, Übung 7
- In der Einleitung fehlen wichtige Informationen.
- In der Einleitung werden persönliche Wertungen deutlich.

Seite 21, Übung 8
In dem argumentativen Sachtext „Die kleine Hexenjagd" von Ulrich Greiner, erschienen in der Wochenzeitschrift „Die Zeit" vom 21.1.2013, geht es um die Maßnahme des Thienemann Verlages und anderer Jugendbuch-Verlage, in Jugendbüchern politisch nicht korrekte Begriffe durch neutrale Begriffe zu ersetzen. Der Verfasser spricht sich gegen die Maßnahme der Verlage aus, da er nicht glaubt, dass der Begriff „Neger", wenn er in Kinderbuch-Klassikern benutzt wird, zur Verbreitung des Rassismus beiträgt.

Seite 21, Übung 9
Ein mögliches Beispiel:
Der Text beginnt mit einem Zitat aus dem Grundgesetz, nach dem jegliche Zensur verboten ist. Es handelt sich hierbei um ein Autoritätsargument, wobei das Grundgesetz diese Autorität darstellt. Die nachfolgende rhetorische Frage soll den Leser aufhorchen lassen, dass eventuell doch Zensur ausgeübt wird. Er weiß noch nicht genau, worum es geht, aber ihm wird signalisiert, dass es sich um einen sehr bedeutsamen Vorgang handelt. Erst danach nennt der Verfasser den eigentlichen Vorgang, nämlich die Maßnahme verschiedener Jugendbuch-Verlage, möglicherweise diskriminierend wirkende Begriffe und Formulierungen aus literarischen Kinderbuch-Klassikern durch neutrale Begriffe zu ersetzen. Der Abschnitt endet mit einer rhetorischen Frage, die es dem Leser nahelegt, diese Maßnahme der Jugendbuch-Verlage als Zensur zu bezeichnen. Der Autor nennt also nicht direkt seine Auffassung, sondern lässt sie den Leser selbst erschließen.

Seite 21, Übung 10
Ulrich Greiner spricht sich in seinem Text eindeutig gegen die Maßnahme der Jugendbuch-Verlage aus, Begriffe, die möglicherweise diskriminierend wirken könnten, in Kinderbuch-Klassikern durch neutrale Begriffe zu ersetzen. Er stützt sich dabei hauptsächlich auf das Argument, dass Literatur aufgrund ihres fiktionalen Charakters nicht mit der Realität verwechselt werden darf.
Ich möchte der Ansicht von Herrn Greiner widersprechen/zustimmen. Mich hat hauptsächlich überzeugt, dass ... /mich hat überhaupt nicht überzeugt, dass ... Ich möchte die Verlage auffordern, die Begriffe zu ersetzen/nicht zu ersetzen.

Auf der Grundlage von Material einen argumentierenden Sachtext verfassen

Seite 24, Übung 1

geeignet für	Material						
	1	2	3	4	5	6	7
Einleitung	x					x	x
Darstellung von Pro-Argumenten	x			x	x		
Darstellung von Kontra-Argumenten	x	x	x				

Seite 25, Übung 2

Mögliches Beispiel:

In Kinder- und Jugendbüchern sollten möglicherweise diskriminierende Begriffe wie „Neger" oder „Zigeuner" ersetzt werden, denn über Sprache können Vorurteile verbreitet werden, die dann von den Kindern unbewusst übernommen werden.

In Kinder- und Jugendbüchern sollten möglicherweise diskriminierende Begriffe wie „Neger" oder „Zigeuner" nicht ersetzt werden, denn Kinder können sehr wohl unterscheiden, ob ein Begriff im literarischen Kontext oder im realen Leben gebraucht wird.

Seite 25, Übung 3

Freie Aufgabe

Seite 25, Übung 4

Freie Aufgabe

Seite 25, Übung 5

Argument	Grund für die Ablehnung des Arguments
Der Journalist Ulrich Greiner ist der Überzeugung, dass man Kinder nicht dadurch vor rassistischem Denken bewahrt, dass man entsprechende diskriminierende Begriffe entfernt.	Zu bedenken ist aber, dass, wie es der Romanist Victor Klemperer formuliert, „Sprache wie Gift" wirken kann, das sich unbewusst im Denken der Kinder festsetzt.

Seite 25, Übung 6

Freie Aufgabe

Mit literarischen Texten umgehen

Einen epischen Text/Textauszug beschreiben und deuten (analysieren)

Seite 29, Übung 1

- Welche (zentralen) Figuren treten in dieser Szene auf? Wer handelt?
  Neben einigen neugierigen Passanten, die die Situation jedoch nur beobachten, treten der ehemalige Angestellte Johannes Pinneberg, jetzt arbeitslos und verwahrlost, sowie der Schutzpolizist auf.
- Was ist ihr Gesprächsgegenstand, worüber sprechen sie?
  Während Pinneberg die verlockenden Waren im Schaufenster betrachten möchte und zugleich noch an ein Mitbringsel für seinen Sohn, den Murkel denkt, geht es dem Polizisten darum, den vermeintlichen Bettler Pinneberg von der noblen Einkaufsstraße zu vertreiben.
- Wo findet die Handlung statt? Welche (möglicherweise symbolische) Rolle spielt evtl. der Ort?
  Auf der Einkaufsmeile der Friedrichstraße in Berlin; der Ort spielt v. a. mit Blick auf die sog. Goldenen Zwanzigerjahre eine wichtige Rolle, da Berlin in dieser kurzen Zeit einen kulturellen, aber auch ökonomischen Aufschwung erlebte. Es ist also genau dieser Ort, an dem der bisher an den Kapitalismus glaubende Pinneberg durch einen Vertreter des Systems selbst gedemütigt wird.

● Welches Verhältnis zwischen den verschiedenen Figuren zeigt sich? Wie sprechen sie miteinander?
Der Schupo wendet sich an Pinneberg mit kurzen, klaren Imperativen, mit denen er hofft, den Bettler
zu vertreiben, um so den wohlhabenden Menschen einen unbeschwerten Einkauf zu ermöglichen.
Anfangs nicht unfreundlich, wendet er sich angesichts des offensichtlichen Nichtverstehens aufseiten Pinnebergs mit klaren Drohungen an diesen. Dabei bleibt er trotz der im Raum stehenden Ge-
waltanwendung immer professionell ruhig und gelassen, er scheint einer alltäglichen Situation ausgesetzt. Pinneberg hingegen kann anfangs keinen klaren Gedanken fassen, was sich in seinem
Gestammel äußert. Später äußert er sich verbal gar nicht mehr gegenüber dem Schupo, seine Kör-
persprache macht aber deutlich, dass er die funktionale Aufgabe des Schupos im Auftrage der Gesellschaft versteht und er glaubt, zurecht von dem Platz verwiesen worden zu sein.

Seite 30, Übung 2

Freie Aufgabe

Seite 30, Übung 3

Folgende Formulierungen sind angemessen:
● Angst und Verzweiflung eines von der Gesellschaft im Stich Gelassenen
● desillusionierende Erkenntnis der sozialen Stigmatisierung und Ausgrenzung Arbeitsloser
● ambivalente Gefühlswelt eines kleinen Mannes angesichts seines sozialen Abstiegs

Seite 30, Übung 4

Freie Aufgabe

Seite 31, Übung 5

Sinnabschnitt (Zeilenangabe)	Begründung (Kriterium)
I Zeile 1–32	Gedanken und Assoziationen Pinnebergs, der in der Krise der persönlichen Arbeitslosigkeit in anrührender Weise an seinen Sohn denkt: „Er muß seine Butter und seine Bananen haben!" (Z. 31 f.)
II Zeile 33–56	Konfrontation mit dem Schupo, der die Gesellschaft vor dem „lästigen" Arbeitslosen zu schützen beabsichtigt, was Pinneberg nicht versteht
III Zeile 57–80	Erkennen der eigenen sozialen Degradierung, die sogar als berech-tigt eingeschätzt wird: Desillusionierung

Seite 31, Übung 6

Charakterisierung/Figurengestaltung der Hauptfigur Pinneberg	
äußeres Erscheinungsbild	verwahrlost, ungepflegt, schmutzig, schäbig, teerbeschmiert
Lebensumstände/ soziale Situation	arbeitslos, für den Autor Hans Fallada ist Pinneberg „einer von sechs Millio-nen" in der Weltwirtschaftskrise der Zwanzigerjahre
Verhalten (gegen-über seiner Umwelt)	anfangs sogar an jungen, hübschen Damen interessiert; dabei ist er sich seines äußeren Erscheinungsbilds bewusst und er macht sich gegenüber dieser anderen Welt keine Illusionen; später gegenüber dem Schupo autoritätsgläubig und widerstandslos; Angst vor einer Rückkehr nach Hause
Einstellungen	akzeptiert seinen gesellschaftlichen Ausschluss und hält ihn sogar für legitim, da er deren Anforderungen nicht mehr gerecht werden kann; geringes Selbstwertge-fühl angesichts materieller Sorgen, weshalb er den Weg nach Hause scheut
Gedanken/ Emotionen	denkt vor allem an seine Familie, die ihm über alles geht; deutlicher Rückzug ins Private statt Wut auf eine Gesellschaft, die ihn und mit ihm sechs Millionen anderer Menschen zu Unrecht bestraft und ausscheidet; am Ende beugt er sich den Drohungen des Schupos im Kontext seines erkannten, gesunkenen sozialen Status.
Vergangenheit	reflektiert anfangs die „gute alte Zeit", an die er gute Erinnerungen hat; diese werden jedoch von den sozialen Verwerfungen der Gegenwart überdeckt

Seite 32, Übung 7	Figur	Verhalten	Kontrast- o. Parallelfigur	Begründung/Funktion
	flanierende Passanten	kaufen ein, Konsuminteresse, beobachten beiläufig die Situation, letztlich desinteressiert und ohne Eingriff	Kontrastfiguren	Die Passanten machen das, was Pinneberg angesichts seiner finanziellen Situation nicht mehr möglich ist, sie kaufen ein.
	Prostituierte	verkaufen ihren Körper angesichts realer materieller Not	Parallelfiguren	P. bemerkt selbst, dass es heute mehr Prostituierte als früher gibt; wie er selbst sind diese in Not geraten und zur Prostitution gezwungen.
	Polizist	sorgt für sorgenfreies Einkaufen und sichert so die Einkünfte der Geschäfte vor Ort; vertreibt „Gesindel", welches schlecht für das Geschäft ist	Kontrastfigur	Der Schupo übt seine aus Sicht P.s legitime Funktion im Sinne der Gesellschaft und des Kapitalismus aus, die er schützen soll.

Seite 32, Übung 8	Person	Innensicht	Außensicht
	Pinneberg	X	
	der Polizist		X
	die Passanten		X

Seite 32, Übung 9

Beispiel 1: „Hat er ihn gemeint?" (Z. 37)
Beispiel 2: „Er stammelt, er kapiert es einfach nicht." (Z. 42)
Beispiel 3: „[...] aber eigentlich denkt er an gar nichts mehr." (Z. 70)

Seite 33, Übung 10

Der Leser nimmt durch diese Art der Lenkung vonseiten des Autors eindeutig die Perspektive Pinnebergs ein. Dadurch, dass er nur über das Gefühlsleben des Arbeitslosen informiert wird, kann er auch nur mit diesem mitfühlen und die Situation für den ehemaligen Angestellten als unfair und belastend empfinden. Fallada nimmt an dieser Stelle also eine deutliche Leserlenkung in Kauf bzw. intendiert sie im Kontext dieser Schlüsselszene sogar.

Seite 33, Übung 11	Sprachliche Aussage	Definition
	„Armut ist Makel, Armut heißt Verdacht." (Z. 61 f.)	Aufzählungen
	„‚Soll ich dir Beine machen?'" (Z. 63)	Rhetorisch-metaphorische Frage
	„‚Hau ab, Mensch!'" (Z. 66)	Imperativ
	„‚Aber ich muß ...'" (Z. 74)	Ellipse
	„[...] das Leben glimmt und schwelt hoffnungslos weiter [...]" (Z. 12)	Metapher
	„Ordnung und Sauberkeit: es war einmal. Arbeit und sicheres Brot: es war einmal." (Z. 59 f.)	Märchenhaft anmutende Anapher
	„[...] ausgerutscht, versunken, erledigt." (Z. 59)	Klimax (Steigerung)

Seite 33, Übung 12

Polizist: Aussagen 2, 3 → Zeichen der Gleichgültigkeit und Kälte des Polizisten
Pinneberg: Aussagen 1, 4 ff. → Zeichen der Einsicht Pinnebergs in seine hoffnungslose Situation

Seite 33,
Übung 13
und
Seite 34,
Übung 14

Individuelle Lösungen möglich. Der tatsächliche Romanschluss ist vielfach kritisiert worden, denn Pinneberg gelingt es, der traurigen Wirklichkeit die private Idylle mit Lämmchen und dem Murkel, seinem Sohn, entgegenzusetzen. Falladas ganz normaler Protagonist richtet es sich in der banalen Idylle seines Schrebergartens gemütlich ein, um so die Krisenjahre zu überstehen. Es bleibt offen, welche gesellschaftliche Perspektive ein solcher Rückzug in das Private noch bietet und ob es nicht tragfähiger gewesen wäre, Fallada hätte einen weniger eskapistischen Schluss gewählt, statt einem prinzipiell regressiven, weinerlichen und antriebsarmen Protagonisten Zuflucht im familiären Idyll zu gewähren. Ein Nachdenken über die möglicherweise falsche Struktur der Gesellschaft kann angesichts eines solch affirmativen Romanschlusses jedoch weniger intendiert werden.

Ein Gedicht beschreiben und deuten (analysieren)

Seite 37,
Übung 1

Freie Aufgabe

Seite 37,
Übung 2

Thema des Gedichts „Augen in der Großstadt" ...
● ... ist die Flüchtigkeit einer einmaligen Begegnung zweier bestimmter Menschen in der Großstadt.
● ... ist die Traurigkeit des lyrischen Ichs angesichts der Kommunikationslosigkeit und Vergeblichkeit menschlichen Miteinanders in der Großstadt.

Seite 38,
Übung 3

Strophe	äußere Situation (was man sieht)	innere Situation (was man fühlt)
1	Beschreibung einer alltäglichen Situation: Gang zur Arbeit, Ort: Bahnhof, flüchtige Begegnung mit unbekannter Person	Gefühlskälte, Sorgen, Verständnisfrage an sich selbst: Was war das?, Fremdheit, Trauer über verpasste Chance
2	Wie 1, dabei zufällige Begegnung mit Menschen, die man evtl. von früher kennt	kurzer Augenkontakt mit letztlich fremden Menschen, dabei kein echter, andauernder Kontakt
3	Gang des lyrischen Ichs durch die anonyme Großstadt; erneut kurzer Blickkontakt und flüchtige Begegnung mit fremden Menschen, die auf Augen, Pupillen und Brauen reduziert werden	Unklarheit, ob hinter den zufälligen Begegnungen Freunde oder Feinde stehen; Einschätzung der Situation als exemplarisch für das Individuum; Gefühl der Traurigkeit angesichts der fehlenden Kommunikation

Seite 38,
Übung 4

Stimmungskurve c) nimmt das kurze Aufglimmen der Hoffnung in der Mitte der zweiten Strophe auf. b) kommt grundsätzlich nicht infrage, da sie die insgesamt negative Entwicklung, insbesondere den Ausklang einer jeden Strophe missachtet bzw. missversteht. a) deutet das Stimmungsbild in der ersten und dritten Strophe zutreffend, da das desillusionierende Wortfeld keine echte Hoffnung zulässt. V. 17–19 wird jedoch eine zu starke positive Bedeutung zugesprochen, da der Funken Hoffnung schon im folgenden Vers verglüht und als (naive) Illusion entlarvt wird.

Seite 39,
Übung 5

Die Atmosphäre des Gedichts von Kurt Tucholsky ist insgesamt **resignativ-melancholisch**.

Seite 39,
Übung 6

Die erste Strophe klingt zwar fast wie Prosa, doch erinnert der **Kreuzreim** den Leser an den lyrischen Charakter des Textes. Die Aufzählung lapidarer Alltäglichkeiten in den ersten **vier** Verszeilen lässt eine ebenso unbedeutende Fortsetzung vermuten, doch die folgenden Verse widersetzen sich mit ihren kurzen **zweihebigen** Versen und dem **Paarreim** dieser Erwartung. Die Aussagen der ersten acht Verse sind mit dem Rhythmus, der sich der inhaltlichen Botschaft anpasst, und mit Blick auf das vorliegende Reimschema **eingängig**. Sie gelten allerdings dem Vordergründigen. Am Ende stehen die traurig klingenden **Ellipsen** dreier Begriffe, welche die Vergeblichkeit des Nachdenkens über die soeben gemachte flüchtige Begegnung bekunden.

Seite 39,
Übung 7

In der ersten Strophe spricht das **lyrische Ich** sein Gegenüber, ein anonym bleibendes „Du" (V. 1, 3, 13 ff.), auf eine alltägliche Situation an. Zwei parallel gefügte **Konditionalsätze** bauen die Spannung langsam auf. Diese wird durch das Adverb „da" (V. 5) zuerst aufgelöst, doch ist diese Erlösung nur von kurzer Dauer, denn es ist ausgerechnet die **Stadt** selbst, die dem Menschen auf dem Weg zur Arbeit zeigt, was ihm widerfährt. Dabei **enthüllt** sie ihr erschreckendes Wesen. Die Stadt wird mit der **Metapher** „Menschentrichter" (V. 7) für „Millionen Gesichter" (V. 8) zu einer Art **Maschine** erklärt, welche die Menschenmassen erbarmungslos aufsaugt. Durch den **Neologismus** „asphaltglatt" (V. 6), der syntaktisch in der Schwebe bleibt, wird diese negativ anmutende und einschüchternde Aussage noch verstärkt.

In der zweiten Strophe wird das Gegenüber des lyrischen Ichs mehrfach als „du" persönlich angesprochen, Hoffnung klingt an. Die **Personifikation** des winkenden Auges (vgl. V. 17) sowie die **Synästhesie** „die Seele klingt" (V. 18) heben die Stimmung, was jedoch nur von kurzer Dauer ist. Denn die dem „Du" gestellte **Frage** (vgl. V. 23) hält zwar zur Besinnung und Reflexion über die flüchtige Begegnung der Menschen in der Großstadt an, doch die einfache **parataktische** Antwort „Kein Mensch dreht die Zeit zurück ..." (V. 23) lässt keinen Zweifel an der Tatsache, dass die Chance ein für alle Mal vertan ist. Die letzte Strophe wird vom **Wortfeld des Kampfes** dominiert. Diesem stellt sich der einzelne, vereinsamte Mensch jedoch nicht freiwillig, was der **Imperativ** „Du musst" (V. 25) verdeutlicht. Wie auch die beiden ersten Strophen endet das Gedicht mit einem resignativ-melancholisch anmutenden **Klimax** (vgl. V. 39), der nur wenig Hoffnung lässt auf eine Verbesserung der Situation für alle modernen Menschen, die Opfer der Kommunikationslosigkeit und Anonymität des Lebens werden.

Eine Dramenszene beschreiben und deuten (analysieren)

Seite 43,
Übung 1

Freie Aufgabe

Seite 43,
Übung 2

In der Szene treten der adlige Ferdinand von Walter und seine bürgerliche Geliebte, Luise Millerin, auf. Dabei ist v. a. Ferdinand der Handelnde, da er die weitgehend passive Luise gar nicht richtig zu Wort kommen lässt.

Inhaltlich geht es in dem Gespräch um die Chancen der Liebe zwischen den beiden Liebenden, welche diese unterschiedlich einschätzen. Während Ferdinand die Gefahren allein im fehlenden Glauben Luises verortet, ist sich diese der Gefahr, die von dessen Vater und den gesellschaftlichen Schranken ausgeht, überaus bewusst.

Das Gespräch findet in den Räumlichkeiten des bürgerlichen Musikus statt. Umso bemerkenswerter ist das selbstbewusste und unhinterfragbare Verhalten des Adligen, der sich hier nicht wie ein Gast aufführt, sondern eher wie ein Hausherr.

Doch diese Dominanz des männlichen Protagonisten zeigt sich auch in seinem sprachlichen Verhalten, das häufig imperativisch ist und keinen Zweifel an der Lage der Liebenden zulässt. Ein echtes Zuhören findet beim dominanten Ferdinand nicht statt, die Ängste und der Zweifel Luises bleiben ihm fremd.

Seite 44,
Übung 3

Folgende Formulierungen sind zutreffend:
- Gegensätzlichkeit der Gefühle und Hoffnungen zweier Liebender
- Problematik der Liebesbeziehung in der Ständegesellschaft
- Kollision unterschiedlicher Einstellungen zur gesellschaftlichen Realität

Seite 44,
Übung 4

a) **Beispiel:** Ferdinand hält Luise auf (vgl. Z. 53), seine herrische Dominanz wird als „In-den-Weg-Stellen" verdeutlicht (an anderen Textstellen kann z. B. auch gezeigt werden: hohe Emotionalität, Vorfreude auf den Liebespartner sowie der Versuch, aufkeimende Zweifel aufseiten Luises gar nicht erst zuzulassen, Vergewisserung der Liebe).

b) will Ängste und Skepsis Luises nicht wahrhaben (andere Textstellen z. B.: Selbstbewusstsein, Glaube an die Lösbarkeit des vorliegenden Problems, Überhöhung der Liebe)

c) keine gleichberechtigte Kommunikation (andere Textstellen: beinahe ekstatische Liebesbeziehung, Vergötterung der Partnerin)

Seite 45,
Übung 5

a) stummes, bedeutendes, wehmütiges Aussehen (vgl. Z. 16) (andere Textstellen/gesamte Szene: anders als ihr Geliebter gibt sich Luise zurückhaltend, schüchtern und eher abwartend; sie wirkt weitaus skeptischer, was die Zukunftsaussichten ihrer Beziehung mit dem Adligen angeht.)
b) Sorge, Skepsis, Angst (gesamte Szene: Luise ist in ihrer Skepsis auch durch das vorangegangene Gespräch geprägt; sie scheint daher viel stärker als Ferdinand in der Realität verortet und erkennt deren gesellschaftliche Zwänge an.)
c) Wissen um „Wildheit" und Naivität des Geliebten (gesamte Szene: Zweifellos liebt Luise ihren Ferdinand, doch offenbart die aus ihrem Blick sprechende Wehmut, dass sie der Meinung ist, dass diese Beziehung nicht von Dauer sein kann.)

Seite 45,
Übung 6

Die These trifft zu. Einzig das Ende der Szene könnte in eine andere Deutungsrichtung führen, denn hier (*Sie stürzt hinaus. Er folgt ihr sprachlos nach.*) ist es Ferdinand selbst, der seiner Luise Folge leisten muss. Andererseits ist Luises Hinausstürzen kein Ausweis von Führungskraft und Aktivität, sondern weit eher von Verzweiflung.

Seite 45,
Übung 7

Seite/Zeile	Regieanweisung zu Luise	Deutung
S. 42/Z. 6	*steht auf und fällt ihm um den Hals*	zeigt Luises innere Anspannung und Erwartung
S. 42/Z. 16	*sieht ihn eine Weile stumm und bedeutend an, dann mit Wehmut*	Hinweis auf Luises Intelligenz und Fähigkeit, die Probleme in der Zukunft zu antizipieren
S. 42/Z. 26	*fasst seine Hand, indem sie den Kopf schüttelt*	Versuch, Ferdinand einerseits körperliche Nähe zu geben, ihm andererseits inhaltlich zu widersprechen
S. 42/Z. 29	*Erschrickt und lässt plötzlich seine Hand fahren*	momentanes Erkennen der Heftigkeit des Widerstands ihres Geliebten und Erschrecken
S. 43/Z. 50	*drückt ihn von sich, in großer Bewegung*	Abkehr vom wilden Plan Ferdinands, dem sie keine Chance gibt, dabei: verzweifelt
S. 43/Z. 52	*Will fort*	macht deutlich, dass sie sich unwohl fühlt
S. 43/Z. 57	*Sie stürzt hinaus.*	zeigt Luises große Verzweiflung und ihren fehlenden Glauben an Rettung

Seite/Zeile	Regieanweisung zu Ferdinand	Deutung
S. 42/Z. 7	*ihre Hand nehmend und zum Munde führend*	zeigt Ferdinands Anspruch auf Inbesitznahme Luises, sein Verlangen und seine Sehnsucht
S. 42/ Z. 12	*Er zeigt auf seinen Ring.*	zeigt anmaßende Überheblichkeit und arrogante Selbstüberschätzung Ferdinands
S. 42/Z. 19	*Befremdet*	offenbart sein Unverständnis über Luises zurückhaltende Art der Begrüßung
S. 42/Z. 31	*Er springt auf*	Charaktereigenschaft: Impulsivität
S. 43/Z. 47	*Sie zärtlich umfassend*	Charaktereigenschaft: Zärtlichkeit
S. 43/Z. 53	*hält sie auf*	zeigt Widerwillen gegen Luises Aufgabe
S. 43/Z. 57 f.	*Er folgt ihr sprachlos nach*	offenbart seine Fassungslosigkeit

Seite 47,
Übung 8

Bereits die erste Szene des Dramas, in der die beiden Liebenden auftreten, macht die Grundstruktur der Beziehung deutlich und lässt die Prognose für den weiteren Handlungsverlauf zu, dass Ferdinand auch in späteren Situationen eher auf sich und seine Pläne als auf die Einwände seiner großen Liebe achten wird. Letztendlich wird dieses Verhalten ursächlich für das tragische Ende des Dramas sein.

Äußerung Luises in I, 4	Satzbau	Aussage/Wirkung/Funktion
„Es ist nichts. Nichts. Du bist ja da. Es ist vorüber." (Z. 6)	kurze, z. T. unvollständige Sätze	Sprachl. Reduktion, drohendes Verstummen und Verknappung als Hinweis auf die Verzweiflung Luises als Folge ihres vorherigen Gesprächs mit dem Vater Miller
„Doch, doch, mein Geliebter." (Z. 10)	Alliteration	Beschwichtigungsversuch
„Ich seh in die Zukunft – die Stimme des Ruhms – deine Entwürfe – dein Vater – mein Nichts." (Z. 28 f.)	negative Akkumulation	Hyperbolische Darstellung der gegensätzlichen Entwicklung der Lebensläufe
„Jetzt! Jetzt! *Von heut an* – der Friede meines Lebens ist aus – Wilde Wünsche – ich weiß es – werden in meinem Busen rasen. – Geh – Gott vergebe dir's – Du hast den Feuerbrand in mein junges, friedsames Herz geworfen, und er wird nimmer, nimmer gelöscht werden." (Z. 54–57)	parataktische Ausrufe	Ausdruck ihrer Unfähigkeit, einen klaren Gedanken zu fassen

Äußerung Ferdinands in I, 4	Satzbau	Aussage/Wirkung/Funktion
„Rede mir Wahrheit." (Z. 11)	Parataxe	Befehlston Ferdinands als rüder Imperativ zeigt, dass er seine adlig-herrische Attitüde selbst gegenüber Luise nicht ablegen kann
„Wenn ich bei dir bin, zerschmilzt meine Vernunft in einen Blick – in einen Traum von dir, wenn ich weg bin, und du hast noch eine Klugheit neben deiner Liebe?" (Z. 22–24)	Hypotaxe	Versuch, die eigene tiefe Liebe zu Luise in poetisch-sensible Worte zu fassen, dabei gleichzeitig Ausdruck der Selbstüberzeugung
„Ich bin des Präsidenten Sohn." (Z. 35)	Parataxe	Betonung der eigenen Wichtigkeit, Ausdruck von Hybris und Arroganz

Sprachlich-rhetorische Äußerungen der Figuren	Stilmittel	Aussage/Wirkung/Funktion
„Ich schau durch deine Seele wie durch das klare Wasser dieses Brillanten." (Z. 11 f.)	Vergleich	(hybrider) Anspruch Ferdinands, als seelenverwandter Geliebter Luises diese jederzeit zu durchschauen
„Wer, als die Liebe, kann mir die Flüche versüßen, die mir der Landeswucher meines Vaters vermachen wird?" (Z. 36 f.)	rhetorische Frage	Betonung der Notwendigkeit der Liebe angesichts der Verruchtheit der politisch-gesellschaftlichen Wirklichkeit
„O, wie sehr fürcht ich ihn – diesen Vater!" (Z. 38)	Exclamatio (Aufschrei)	Ausdruck der tatsächlichen Furcht Luises vor der politischen Macht des Vaters
„Lass auch Hindernisse wie Gebürge zwischen uns treten, ich will sie für Treppen nehmen und drüber hin in Luisens Arme fliegen." (Z. 39–41)	Metapher	Versuch Ferdinands, Luises von der Möglichkeit der Rettung ihrer Liebe zu überzeugen
„Ich seh in die Zukunft – die Stimme des Ruhms – deine Entwürfe – dein Vater – mein Nichts." (Z. 28 f.)	Akkumulation	Ausdruck der tatsächlichen Hoffnungslosigkeit Luises

13

„[...] der Friede meines Lebens ist aus [...]." (Z. 54 f.)	Metapher	emotionale Einsicht in die Tatsache, dass ihre bürgerliche Idylle nun zerstört ist
„Wilde Wünsche [...] werden in meinem Busen rasen." (Z. 55 f.)	Alliteration	Ausdruck von Verzweiflung und Irritation

**Seite 48,
Übung 11**

Die Sprache Luises in der vorliegenden Szene ist gekennzeichnet durch **eine hohe Emotionalität und Metaphernreichtum.** Dass sie unter einem enormen psychischen Druck steht, wird deutlich, wenn sie **Ferdinand stumm, bedeutend und mit Wehmut in den Augen anblickt.** Ferdinands sprachliches Verhalten charakterisiert Schillers Helden als typischen Stürmer und Dränger. Seine scheinbar grenzenlose Begeisterung für die Kraft der Liebe ist in Wirklichkeit einseitig, naiv und blind, was deutlich wird, wenn er **Luises Ängste mit einfachen Worten abtut und nicht ernst nimmt.** Schon hier kann man sehen, dass der junge, von Idealen schwärmende Adlige für die tatsächlichen Probleme seiner geliebten Luise kein Ohr hat, etwa wenn er **auf Luises Einwände mit Vorwürfen („Was ist das?", Z. 19) reagiert.** Insgesamt wird durch dieses frühe Aufeinandertreffen der Liebenden dem aufmerksamen Beobachter bereits jetzt klar, dass beide unterschiedliche Vorstellungen von der Liebe haben und dass dies im weiteren Verlauf des Dramas **zur vermutlich negativen, am Ende wohl tragischen Entwicklung der Liebesbeziehung beitragen wird.**

Texte miteinander vergleichen

Zwei Sachtexte miteinander vergleichen

**Seite 51,
Übung 2**

• Der Autor beschäftigt sich mit den Motiven, die Schriftsteller für ihre Tätigkeit haben.

**Seite 52,
Übung 3**

Freie Aufgabe

**Seite 52,
Übung 4**

Abschnitt	Inhalt: Was wird gesagt?	Aufgabe/Funktion des Abschnitts
1 (Z. 1–11)	Beschreibung des „Gebrauchswert[es]" (Z. 2 f.) von Möbeln, Wichtigkeit des Tischler-Berufes, Frage nach dem „Gebrauchswert" (Z. 7) von Literatur, der keineswegs deutlich erkennbar sei.	Einstieg mit konkretem Bild und Vergleich, wichtige Frage-/Themenstellung für den Vortrag
2 (Z. 12–25)	Motive, die Schriftsteller für ihre Tätigkeit hätten (verschiedene Beispiele vgl. Z. 14 ff.), am wichtigsten sei „Unzufriedenheit" (Z. 19) mit den bestehenden Verhältnissen.	Wichtiger Aspekt für die Beantwortung der zentralen Frage
3 (Z. 26–34)	Am Beispiel Kafkas wird erläutert, dass Schriftsteller nicht zwangsläufig „Gesellschaftskritiker" (Z. 29 f.) seien; trotzdem könnten sie wichtige „Einsichten" (Z. 30 f.) in gesellschaftliche und menschliche Strukturen vermitteln.	Einschränkung zu dem vorhergehenden Abschnitt

| 4 (Z. 35–46) | Bücher eines Autors seien nicht deshalb gut, weil er die politischen und gesellschaftlichen Verhältnisse, in denen er lebt, ablehne; aber gute Schriftsteller seien im Zweifelsfall immer eher daran interessiert, etwas infrage zu stellen, sich gegen etwas zu wehren. | Fortführung des Gedankens aus Abschnitt 3, Verbindung mit der Kernthese aus Abschnitt 2 wird hergestellt |
| 5 (Z. 47–51) | Allerdings sei die Wirkung von Literatur insgesamt gering; es lohne sich daher für Regierungen nicht, Literatur zu zensieren oder zu verbieten. | Abschluss/Fazit |

Seite 52, Übung 5
- Wortwahl: mehrere Nomen/Substantive, die einen negativen Zustand beschreiben (drei Mal Vorsilbe Un-), überwiegend negativer innerer Zustand eines Menschen
- Satzbau: anfangs hypotaktischer Satzbau (verschachteltes Satzgefüge), dann Ellipsen (unvollständige Sätze, Subjekte und Prädikate fehlen zum Teil)
- Aufzählungen, Klimax (steigernde Anordnung)

Seite 53, Übung 6
Für die meisten Schriftsteller ist das wichtigste Motiv für das Schreiben, dass sie mit den bestehenden Verhältnissen unzufrieden sind und Missstände aufzeigen wollen.

Seite 53, Übung 7
- Adressat: vermutlich interessiertes Fachpublikum (Studenten, Dozenten)
- Redner spricht als Fachmann vor Fachleuten, kann davon ausgehen, dass Anspielungen verstanden werden
- Im Vordergrund steht, dass der Vortragende einen Sachverhalt und seine Gedanken dazu entwickelt.

Seite 54, Übung 8
Beide Autoren beschäftigen sich mit dem aus ihrer Sicht notwendigen politischen und gesellschaftlichen Engagement von Schriftstellern.

Seite 54, Übung 9
Freie Aufgabe

Seite 54, Übung 10

Vergleichsaspekt	Jurek Becker	Siegfried Lenz
Beurteilung und Wirkung von Literatur	• äußert sich skeptisch (vgl. Z. 47 ff.), schätzt Wirkung von Literatur als gering ein, auch wenn diese die Ansichten ihrer Leser beeinflussen könne	• Wichtig: „Pakt mit dem Leser" (Z. 6), also ihn mithilfe der Literatur für sein Anliegen zu gewinnen • gute Literatur müsse nicht „provozieren" (Z. 7) oder „[b]rüskieren" (Z. 10) • gute Literatur dürfe sich nicht auf Freude an sprachlich gelungener Gestaltung beschränken
Verhältnis des Schriftstellers zu Gesellschaft und Politik	• nicht zwangsläufig „Dienstleistende an der Gesellschaft" (Z. 26 f.) oder „Gesellschaftskritiker" (Z. 29 f.) • z. T. Unterdrückung durch Politik, da Schriftsteller sich für „das Fragwürdige an den Verhältnissen" (Z. 39 f.) interessieren	• Solidarität mit den „Machtlosen" (Z. 30), Protest gegen Unrecht • Verteidigung der Sprache gegen politischen Missbrauch (vgl. Z. 24 ff.)

Motive von Schriftstellern für das Schreiben	• verschiedene Motive (z. B. Originalität, Unterhaltung) • im Vordergrund aber Beschäftigung mit problematischen Zügen der Gesellschaft oder menschlichen Verhaltens	• freiwilliger Entschluss, Schriftsteller zu sein • „mit Hilfe der Sprache die Welt [zu] entblößen" (Z. 20), also z. B. Missstände, Not, Unterdrückung aufzeigen

Seite 55, Übung 11

Mögliche Ergebnisse

- Lenz glaubt, dass ein wirkungsvoller „Pakt mit dem Leser" (Z. 6) möglich sei, während Becker eher skeptisch über die Breitenwirkung von Literatur urteilt.
- Beide Autoren sind sich einig, dass es das vorrangige Schreibmotiv eines Schriftstellers sein müsse, gesellschaftliche und menschliche Verhältnisse kritisch zu beleuchten.
- Beide Autoren plädieren für eine kritische Literatur, wobei bei Lenz die Forderung nach einer politisch engagierten Literatur deutlicher hervortritt (Lenz: „die bestehenden Übel" (Z. 7) in der Welt verringern.)
- Gute Literatur müsse kritisch sein bzw. Strukturen aufdecken, sie dürfe sich nicht auf die positiven Seiten bzw. sprachlich-ästhetische Schönheit beschränken.

Seite 55, Übung 12

- Satzbau: bei Lenz durchgehend vollständige Sätze, keine Ellipsen wie in dem Auszug aus Beckers Text
- bei beiden Texten bedeutsame Aufzählungen
- Wortwahl: auch bei Lenz zentrale negativ konnotierte Nomen/Substantive („Rechtlosigkeit", „Hunger", „Verfolgung"; Z. 42), eher auf äußere Zustände bezogen, Ausnahme: Nomen/Substantiv „Verzweiflung" bei beiden wichtig (Becker: Z. 20; Lenz: Z. 40)

Seite 55, Übung 13

- Beide entwickeln einen fachbezogenen Sachverhalt.
- Bei Lenz steht der Charakter der Rede als Fest- und Dankesrede anlässlich einer Preisverleihung im Vordergrund (vermutlich geladene Gäste).
- Bei Becker ist der universitäre Kontext wichtiger (eher Fachpublikum).

Seite 55, Übung 14

Freie Aufgabe

Zwei Gedichte miteinander vergleichen

Seite 57, Übung 1

Die Aufgabenstellung verlangt eine ausführliche Analyse des ersten Gedichts. Das zweite Gedicht soll nur in vergleichender Perspektive unter dem Aspekt der Naturdarstellung berücksichtigt werden (Möglichkeit 3).

Seite 57, Übung 2

In dem Gedicht von Uhland geht es um den Frühling als Jahreszeit des Neuanfangs, durch den auch der Mensch alle vergangenen Leiden vergisst.

Seite 57, Übung 3

Das Gedicht „Frühlingsglaube" von Ludwig Uhland besteht aus zwei Strophen mit jeweils sechs Versen. Beide Strophen weisen das gleiche Reimschema auf, da auf einen Paarreim jeweils ein Kreuzreim folgt (AABCCB). Als Metrum lässt sich ein vierhebiger Jambus feststellen, der allerdings teilweise unregelmäßig ist, da sich manchmal mehr als eine Senkung vor der Hebung findet (z. B. V. 2, V. 7). Außerdem enthält der jeweils dritte Vers beider Strophen nur drei Hebungen (V. 3, V. 9). Auffällig ist der durchgängige Zeilenstil, dem auch der parataktische Satzbau entspricht.

Seite 58, Übung 4

Die Atmosphäre in Uhlands Gedicht „Frühlingsglaube" lässt sich als angenehm, hoffnungsvoll und optimistisch bezeichnen.

Das lyrische Ich befindet sich zu Beginn des Frühlings in der freien Natur und bewundert deren Schönheit. Es ist begeistert von dem frühlingshaften Blühen ringsum und erleichtert darüber, dass es durch seine euphorische Naturwahrnehmung die früheren Ängste und Sorgen allmählich vergisst.

1. Strophe:
- Wehen des angenehm milden Frühlingswindes überall spürbar
- Lyrisches Ich nimmt begeistert frühlingshafte Gerüche (Blütenduft) und Töne (Vögel, Insekten) wahr
- Aufforderung an das eigene Herz, vergangene Ängste zu vergessen

2. Strophe:
- Verallgemeinerung: unvorstellbare Schönheit der blühenden Natur nimmt immer weiter zu
- Allgegenwart des Frühlings, selbst in abgelegenen Gegenden
- Aufforderung an das eigene Herz, vergangene Qualen zu vergessen

Steigerung: „sei nicht bang!" (V. 5) → „vergiss der Qual!" (V. 11)

Textbefund	Sprachliches Gestaltungsmittel	Deutung
„Lüfte sind erwacht" (V. 1)	Personifikation	Natur wirkt wie ein Lebewesen, das aus langem Schlaf erwacht
„Sie säuseln und weben [...],/Sie schaffen [...]" (V. 2 f.)	Anapher, Parallelismus	Harmonie der Natur, Beruhigung des lyrischen Ichs
„O frischer Duft, o neuer Klang!" (V. 4)	Ausrufe, Anapher, Parallelismus	Emotionalität, Begeisterung des lyrischen Ichs, synästhetische Naturwahrnehmung
„Nun, armes Herze" (V. 5)	Anrede, Aufforderung	Emotionalität, Aufforderung des euphorischen lyrischen Ichs an sich selbst
„alles, alles" (V. 6)	Wiederholung (Iteratio)	Intensivierung, Ausdruck der tiefen Hoffnung des lyrischen Ichs
„Man weiß nicht, was noch werden mag" (V. 8)	Alliteration	Verbindung bedeutungstragender Wörter (weiß, werden), Betonung des hoffnungsvollen Staunens
„Das Blühen will nicht enden" (V. 9)	Personifikation	Natur wirkt wie ein Lebewesen, das aus eigener Kraft und nach eigenem Willen zum Leben erwacht und erblüht
„das fernste, tiefste Tal" (V. 10)	Superlative	Intensivierung, Betonung der Allgegenwart des Frühlings
„Nun, armes Herz" (V. 11)	Anrede, Aufforderung	Emotionalität, Aufforderung des euphorischen lyrischen Ichs an sich selbst (vgl. V. 5)
„alles, alles" (V. 12)	Wiederholung (Iteratio)	Intensivierung, Ausdruck der tiefen Hoffnung des lyrischen Ichs (vgl. V. 6)

Das Gedicht „Frühlingsglaube" stammt aus der Epoche der Romantik.
Epochentypische Merkmale:
- Personifizierung der Natur, durchgängige Darstellung als Lebewesen
- Synästhetische Naturwahrnehmung (V. 4)
- Enge Beziehung des Menschen zur Natur, Einfluss der Natur auf seine Stimmung, Verbundenheit von Mensch und Natur

- Starke Emotionalität, euphorische Begeisterung
- Anrede an das eigene Herz
- Religiöse Aspekte (vgl. Titel), Hinweis auf Offenbarung des Göttlichen in der Natur

Seite 60, Übung 9

Das Gedicht „Frühjahr" stammt aus der Epoche des Expressionismus.
Epochentypische Merkmale:
- Negative Naturwahrnehmung
- Betonung der Dunkelheit, Einsamkeit, Erstarrung und Unfruchtbarkeit
- Düstere, traurige, hoffnungslose Grundstimmung
- Dunkle Farbsymbolik
- Negative, pessimistische Weltsicht, Fehlen jeder Hoffnung
- Fehlen religiöser Aspekte, keinerlei Hinweis auf eine transzendente Sphäre
- Personifizierung der Natur, die aber selbst schwach, leidend, einsam und traurig wirkt
- Simultanstil, rein additive Aufzählung einzelner Beobachtungen, fehlende Kausalverbindungen
- Nichteinhalten grammatischer Regeln (V. 5, V. 18)

Seite 60, Übung 10

- Stimmung/Atmosphäre
- Einzelne Elemente der Naturdarstellung
- Wirkung der Natur auf den Menschen
- Beziehung des Menschen zur Natur
- Beurteilung der Zukunft
- Religiöse Aspekte
- Sprachliche Darstellung: Wortwahl
- Sprachliche Darstellung: Metaphorik
- Weltsicht

Seite 61, Übung 11

Vergleichsaspekt	Uhland: „Frühlingsglaube"	Heym: „Frühjahr"
Stimmung/Atmosphäre	fröhlich, optimistisch, angenehm, hoffnungsvoll	düster, pessimistisch, unangenehm, hoffnungslos, bedrohlich
Einzelne Elemente der Naturdarstellung	„linde Lüfte" (V. 1), frühlingshaftes Wachsen und Aufblühen überall	stürmische Winde, Wolken, einsame Wege, kalte Bäume, leere, unfruchtbare Felder, tote Wälder mit windgepeitschten Wipfeln, stumme Erde, regenverhangene Ströme und Berge, unbelebte Flüsse, Sommerstille, tote Schatten
Wirkung der Natur auf den Menschen	Natur begeistert den Menschen, der sie mit allen Sinnen genießt, tröstet ihn über vergangene Leiden hinweg	Natur wirkt einsam, starr, kalt, unfruchtbar, leidend, tot
Beziehung des Menschen zur Natur	Korrespondenz zu Gefühlen des Menschen, enge Beziehung	Menschen nicht erwähnt, keine Beziehung des Menschen zur Natur erkennbar
Beurteilung der Zukunft	in die unendliche Zukunft gerichtete Hoffnung (vgl. V. 7 f., V. 12)	Unfruchtbarkeit und Erstarrung, Hoffnungslosigkeit, keinerlei Aussicht auf Veränderung
Religiöse Aspekte	religiös geprägte Naturwahrnehmung, Natur als Offenbarung Gottes (vgl. Titel „Frühlingsglaube")	keine religiösen Aspekte erkennbar, gottlose Welt, keinerlei Hoffnung auf eine übergeordnete transzendente Sphäre

Sprachliche Darstellung: Wortwahl	romantisch geprägtes Vokabular („linde Lüfte", Z. 1; „säuseln und weben", Z. 2; „frischer Duft", Z. 4; „neuer Klang", Z. 4; „Herze", Z. 5; „Blühen", Z. 9; „das fernste, tiefste Tal", Z. 10)	Aufgreifen von Elementen romantischer Naturdarstellung (Winde, Abend, Wege, Bäume, Wolken, Frucht, Sommer, Wälder, Wipfel, Äste, Ströme, Vögel, Schilf, Ufer, Kähne, Hügel, Schatten), aber Entwertung durch negativ geprägten Kontext, Verkehren ins Gegenteil
Sprachliche Darstellung: Metaphorik	Personifizierungen → Natur wirkt wie ein dem Menschen eng verbundenes Lebewesen	Personifizierungen → Natur wirkt traurig und leidend, scheint bedroht wie ein hilfloses, wehrloses Tier; wechselseitige Bedrohung der einzelnen Naturerscheinungen
Weltsicht	Darstellung der Naturschönheit in einer sinnvoll geordneten, von einem wohlwollenden Gott gelenkten Welt	Darstellung einer sinnlosen, menschenleeren und gottlosen Welt ohne höhere Werte

Seite 62, Übung 12

In dem Gedicht „Frühlingsglaube" von Ludwig Uhland, das typisch für die Epoche der Romantik ist, wird die Schönheit der im Frühling neu erwachenden Natur gepriesen. Durch die enthusiastische Bewunderung dieser Naturschönheit beglückt, vergisst auch der Mensch die vergangenen Sorgen und Leiden und blickt hoffnungsvoll in die Zukunft.

Im Gegensatz dazu wird die Natur in Georg Heyms Gedicht „Frühjahr" als unfruchtbar und verödet dargestellt, wobei auch für die Zukunft keinerlei Hoffnung auf eine Belebung dieser sinnlosen und gottfernen Welt zu bestehen scheint. Heym greift in diesem typisch expressionistischen Gedicht einzelne Elemente romantischer Naturlyrik auf, um sie durch einen negativen Kontext zu entwerten. Durch diese Umwertung von Versatzstücken romantisch geprägter Naturdarstellung ins Gegenteil wird ein gezielter Bruch mit dichterischen Traditionen deutlich.

Seite 62, Übung 13

Freie Aufgabe

Zwei Dramenauszüge miteinander vergleichen

Seite 64, Übung 1

a) Beteiligte Figuren: Frau Bergmann und ihre Tochter Wendla
b) Ort des Gesprächs: das Wohnzimmer der Bergmanns
c) Gesprächsanlass: Frau Bergmann hat ein Kleid ihrer Tochter länger gemacht
d) Gesprächsinhalt und Anliegen der Figuren: Es geht vordergründig um die Frage, welches Kleid Wendla in ihrem Alter tragen sollte. Frau Bergmann möchte, dass Wendla ein längeres Kleid trägt, da sie kein Kind mehr sei. Die Tochter möchte dagegen weiter ihr kürzeres „Prinzesskleidchen" tragen.

Seite 66, Übung 2

Gemeinsamkeiten: Gespräch Mutter – Tochter, Raum im Privathaus, Ausgangspunkt ist das Gespräch über die Kleidung, dahinter verbirgt sich jedoch ein anderes Thema/Problem.

Unterschiede: Anlass ist das Gespräch über ein Kleidungsstück der Tochter (Text 1) bzw. der Mutter (Text 2), dahinter verbirgt sich die Frage des Umgangs mit dem Älterwerden der Tochter (Text 1) bzw. mit schwerer Krankheit und möglichem Tod der Mutter (Text 2).

Seite 66, Übung 3	Vergleichsaspekt	Text 1 (Wedekind)	Text 2 (Hebbel)
	Darstellung der Mutter	• setzt sich mit dem Älterwerden ihrer Tochter auseinander • versucht sich durchzusetzen, ist am Ende aber nachgiebig	• religiös • Furcht vor dem Tod • religiös begründete Angst vor Bestrafung nach dem Tod • hat schwere Krankheit überstanden
	Darstellung der Tochter	• zeigt ihren eigenen Willen (vgl. Z. 6 f., 11 f.) • setzt sich durch • Todesgedanken, evtl. leicht depressiv	• besorgt um die Mutter • Versuch, diese aufzumuntern
	Verhältnis Mutter – Tochter	• Mutter ängstlich-besorgt (vgl. Z. 20 ff., Z. 31 f.) • Tochter versucht, ihre Mutter zu beruhigen • Mutter zeigt, wie viel ihr die Tochter bedeutet („Mein einziges Herzblatt!", Z. 22)	• Tochter sehr besorgt • stellt der Mutter Fragen, zeigt Interesse • später besorgte Ausrufe • Mutter geht nur wenig auf ihre Tochter ein

Seite 66, Übung 4

Diese Aussagen treffen am besten zu:
• In beiden Mutter-Tochter-Gesprächen ist Tod eines der Themen.
• In beiden Texten geht es um die Darstellung eines Mutter-Tochter-Verhältnisses.
• In beiden Texten sorgen sich die Gesprächspartner um den jeweils anderen.

Seite 67, Übung 5	Vergleichsaspekt	Text 1 (Wedekind)	Text 2 (Hebbel)
	Wer hat die größeren Redeanteile?	Redeanteile ungefähr gleich verteilt.	Mutter mit deutlich größeren Redeanteilen
	Wer ergreift die Initiative? Wer lenkt das Gespräch?	Wendla lenkt das Gespräch, z. T. durch für die Mutter überraschende Äußerungen.	Zunächst die Tochter, sie stellt z. B. Fragen, später nur kurze Reaktionen auf längere Redebeiträge der Mutter
	Wie reagieren die Figuren aufeinander? Gehen sie aufeinander ein?	Mutter reagiert wiederholt sehr emotional und überrascht (Ausrufe), Mutter und Tochter gehen aufeinander ein.	Anfangs gehen beide durchaus aufeinander ein, später monologisiert die Mutter.
	Welche Absichten und Redestrategien verfolgen die Gesprächspartner?	Mutter will erreichen, dass Wendla längeres Kleid trägt, Wendla will ihre Interessen durchsetzen und selbst über ihre Kleidung bestimmen.	Tochter will die Mutter aufmuntern, Mutter eher gefangen in ihren religiösen Vorstellungen.

Seite 67, Übung 6

Während in Text 1 die Redeanteile ungefähr gleich verteilt sind, hat in Text 2 die Mutter die deutlich größeren Redeanteile. In beiden Texten lenken anfangs die Töchter das Gespräch. In Text 1 geht die Initiative durchgehend von Wendla aus. Klara, die zunächst durch Fragesätze die Initiative ergreift, zieht sich dagegen im Laufe des Gesprächs zurück. Mutter und Tochter in Wedekinds Text gehen aufeinander ein; bei Hebbel gelingt die Kommunikation nur zu Beginn. Die Mutter ist gefangen in ihren religiösen Vorstellungen. Die Versuche Klaras, ihre Mutter aufzumuntern, misslingen. Dagegen kann Wendla ihre Interessen durchsetzen.

Mit Sprache richtig umgehen

Den richtigen Ausdruck finden

Richtiger und falscher Wortgebrauch

Seite 68, Übung 1
- Die Szene hat eine **entscheidende** Bedeutung für die Handlung des Dramas.
- Die Figur zeichnet sich durch ihre **dankbare** Art aus.
- Er ist einer ihrer engsten **Freunde/Vertrauten**.
- Lady Milford **macht deutlich**, dass sie eine negative Haltung zum Fürsten hat.
- Er sagt, er **habe** sich beeilen müssen.

Seite 68, Übung 2
- Diese Szene ist bedeutsam für den **Fortgang** der Handlung.
- Der Hofmarschall **reagiert** nur auf die Handlungen der Lady Milford.
- Präsident von Walter verfolgt dieselbe **Absicht** (dasselbe **Ziel**) wie Lady Milford.
- Luise möchte ihre Eltern überzeugen, doch dies gelingt ihr nur **zum Teil/bei einem Elternteil**.
- **Die Verärgerung/der Zorn** Lady Milfords wird durch zahlreiche Ausrufesätze **deutlich** gemacht.

Ungeschickte und unpassende Formulierungen und Wortverbindungen

Seite 69, Übung 1
- Durch diese Aussage wird Kritik am Adel **geübt**.
- Sie hat sich entschlossen, ihre Gedanken **zu** Papier zu bringen.
- Lady Milford **verwirklicht** diesen Plan.
- Diese Szene **veranschaulicht** den Konflikt zwischen Bürgertum und Adel.
- Lady Milford lässt in dieser Szene unterschiedliche Gefühle **erkennen**.
- In dem Dialog **fällt** vor allem die Dominanz von Lady Milford ins Auge.

Seite 69, Übung 2
- Sie begibt sich **auf dieselbe Ebene wie ihre Diener**.
- Sie tut dies, **da sie ein reines Gewissen haben möchte**.
- Diese Szene ist wichtig, **da sie die Aufmerksamkeit auf Ferdinand und Luise lenkt**.
- Lady Milford hat ein Auge auf Ferdinand **geworfen/sich in Ferdinand verliebt**.
- Lady Milford **entspricht dem Bild** einer adligen Frau im 18. Jahrhundert.
- Lady Milford wird bewusst, dass sie an diesem Ort **ihre Wünsche und Bedürfnisse nicht befriedigen kann**.

Stilistische Fehler

Seite 70, Übung 1
- Er **schleimt** sich bei den Adligen **ein**.
  Er schmeichelt den Adligen, um sich Vorteile zu verschaffen.
- Der Hofmarschall **hat** hier eigentlich **nichts zu melden**.
  Der Hofmarschall hat hier nichts zu sagen/keine Möglichkeit, Einfluss zu nehmen.
- Die kritische Absicht wird hier **noch mal gut rübergebracht**.
  Die kritische Absicht wird hier noch einmal deutlich ausgedrückt.
- Nun **kann** Lady Milford **nicht mehr an sich halten**.
  Nun kann sich Lady Milford nicht mehr zurückhalten.
- Diese Szene macht deutlich, dass sich Luise nicht so leicht **rumschubsen** lässt.
  Diese Szene macht deutlich, dass sich Luise nicht herumkommandieren lässt.

- Lady Milford **redet nicht groß drum rum**.
  Lady Milford spricht die Angelegenheit direkt an.
- **Interessieren tut** das den Hofmarschall **eh** nicht.
  Dies interessiert den Hofmarschall ohnehin nicht.
- Nach der Auseinandersetzung muss Lady Milford **erst mal** wieder **runterkommen**.
  Nach der Auseinandersetzung muss sich Lady Milford erst einmal wieder beruhigen.

Seite 71, Übung 2

- Das **Drama** „Kabale und Liebe" handelt von dem Gegensatz zwischen Bürgertum und Adel.
- Das **Nomen/Substantiv** „Goldmann", mit dem Lady Milford den Hofmarschall anspricht, ist hier ironisch zu verstehen.
- Der **Gegenstand**/das **Thema**, von dem das Gespräch handelt, ist erneut der Gegensatz zwischen Adel und Bürgertum.
- Mit dem **Imperativ**/der **Befehlsform**/der **Aufforderung** „Kommt näher" macht Lady Milford deutlich, dass sie die Distanz zwischen sich und ihren Dienern überwinden möchte.

Seite 71, Übung 3

Zitat	verbesserte Form
Aus der „Frankfurter Rundschau": „‚Dreckiges Gold' gehört zu den letzten Westernfilmen, die Hollywood-Ikone John Wayne zu Lebzeiten drehte".	„‚Dreckiges Gold' gehört zu den letzten Westernfilmen, die Hollywood-Ikone John Wayne vor seinem Tod drehte."
Aus der österreichischen „Presse am Sonntag": „Im Alter von 15 Monaten starb ihr Vater und vererbte Gloria Laura Vanderbilt vier Millionen Dollar."	„Als Gloria Laura Vanderbilt 15 Monate alt war, starb ihr Vater und vererbte ihr vier Millionen Dollar."
Aus der „Lippischen Landes-Zeitung": **Ein-Euro-Jobber verschönern das Stadtbild**	Ein-Euro-Jobber helfen, das Stadtbild zu verschönern
Aus einer Meldung der Sportnachrichtenagentur „SID": „Die Olympiasiegerin bestreitet allerdings weiterhin ihre Unschuld und kündigte rechtliche Schritte gegen den Verbandsentscheid an."	„Die Olympiasiegerin bestreitet allerdings weiterhin ihre Schuld ..."
Aus der „Rhein-Zeitung": **SPD will Gemeinderäte weiblicher machen**	SPD will mehr Frauen in Gemeinderäten
Aus der „Zeit": „Auf dem Cocktailempfang zur deutschen Premiere der restaurierten ‚Rebel without a Cause'-Fassung im Stue Hotel ging eine Bemerkung von Mund zu Mund, die auf Anhieb jeden sprachlos machte."	„... verbreitete sich eine Bemerkung, die auf Anhieb jeden Gast äußerst verwunderte."

Aus der „Medical Tribune": **Rauchen im Mutterleib fördert bipolare Störung** **Psychische Gesundheit, ein weiteres Argument gegen den Nikotingenuss**	Rauchen während der Schwangerschaft fördert bipolare Störung
Bildunterschrift aus der „Westdeutschen Zeitung": „Der Opel hatte nicht auf ‚Rot' geachtet – er war auch nicht nüchtern."	„Der Fahrer des Opels hatte nicht auf ‚Rot' geachtet – er war auch nicht nüchtern."
Aus der „Berliner Morgenpost": „Knapp drei Jahre nach der Havarie im japanischen Kernkraftwerk Fukushima haben US-Forscher die ersten radioaktiven Partikel aus der Ruine vor der Küste Kanadas bei Toronto nachgewiesen."	„Knapp drei Jahre nach der Havarie im japanischen Kernkraftwerk Fukushima haben US-Forscher vor der Küste Kanadas bei Toronto die ersten radioaktiven Partikel aus der Ruine nachgewiesen."
Aus der „Schwäbischen Zeitung": „Der unerlaubt von der Unfallstelle geflüchtete Fahrer des länglichen Wagens dürfte auf der rechten Seite beschädigt sein und rote Lackantragungen von Renault aufweisen."	„Der Fahrer des länglichen Wagens flüchtete von der Unfallstelle. Sein Fahrzeug dürfte auf der rechten Seite beschädigt sein und rote Lackantragungen vom Renault aufweisen."
Aus der „Rhein-Zeitung": **Neureuthers Nacken wird zur Achillesferse**	Neureuthers Nacken verhindert möglicherweise Start
Aus einer Polizeimeldung: „Sein Gebiss war sehr auffällig und redete mit einem französischen Akzent."	„Der Mann hatte ein auffälliges Gebiss und sprach mit einem französischen Akzent."

Die Rechtschreibung

Fehlerschwerpunkte erkennen

Seite 73, Übung 1

Gotthold Ephraim Lessing: Nathan der Weise – Eine Inhaltsangabe (1. Teil)

Jerusalem im Jahre 1192, zu der **Zeit** (7) des dritten Kreuzzugs: Es herrscht in angespannter **Atmosphäre** (9) eine Atempause im erbitterten Kampf zwischen Christen und Muslimen um die Vorherrschaft in der Stadt. Der muslimische Herrscher Saladin hat mit den christlichen Kreuzfahrern ein **Waffenstillstandsabkommen** (4) getroffen, welches von den Tempelrittern (Tempelherren) gebrochen wurde. Saladin will das **Schweigen** (7) der Waffen wiederherstellen und durch geschickte Heiratpolitik festigen. Drei angesichts dieses **fragilen** (9) Friedenszustands **außergewöhnliche** (5) Taten gehen der Dramenhandlung voran: Der Jude Nathan hat nach dem von Christen verübten Mord an seiner **Familie** (1) die christlich getaufte Tochter seines Freundes Wolf von Filnek aufgenommen und erzieht sie seitdem als seine eigene Tochter. Sultan Saladin hat nach einem Teilsieg über christliche Angreifer einen einzigen christlichen Tempelherrn begnadigt, weil dieser seinem verschollenen Bruder Assad ähnelt. Besagter **Tempelherr** (2) **wiederum** (4) hat das **mittlerweile** (2) jugendliche Mädchen, Recha, die **vermeintliche** (4) Tochter Nathans, aus den Flammen des brennenden **Hauses** (7) Nathans gerettet, ohne **dass** (6) er dabei an die Gefahr für sein eigenes Leben gedacht hat. Als Nathan **heimkehrt** (8), erfährt er von Daja, der christlichen Gesellschafterin seiner Tochter, von der Rettungstat und will dem Tempelherrn seinen **Dank** (3) **bezeugen** (4). Dies **erweist** (5) sich jedoch angesichts von dessen tief verwurzelten antijüdischen Vorurteilen als schwierig und gelingt Nathan im **Folgenden** (7) erst nach einem intensiven und auf seiner Seite von **Sympathie** (9) geprägten Gespräch zwischen den **beiden** (7).

Rechtschreibprobleme durch einfache Verfahren lösen

Seite 74, Übung 1

Gotthold Ephraim Lessing: Nathan der Weise – Eine Inhaltsangabe (2. Teil)

Der Tempelherr widersetzt sich nicht mehr, willigt in ein Wiedersehen mit Recha in Nathans Haus ein und verliebt sich sogleich in sie. Als er Nathan stürmisch um die Hand von dessen vermeintlicher Tochter bittet und dieser ihm diesen Wunsch nicht sogleich gewähren will, stellt er die gerade gewonnene Freundschaft wieder infrage. Nathan hat zu diesem Zeitpunkt bereits den Verdacht, dass der Tempelherr Rechas Bruder sein könnte. Derweil hat Sultan Saladin finanzielle Schwierigkeiten. Seine Schwester Sittah weiß von dem sagenhaften Reichtum Nathans, den man auch „den Weisen" nennt. Sie erdenkt einen Plan, um an sein Geld zu kommen: Saladin solle ihn unter dem Vorwand in den Palast locken, von ihm die Antwort auf die Frage nach der wahren Religion erfahren zu wollen. Durch diese verfängliche Frage in die Enge gedrängt, wäre es ein Leichtes, an sein Geld zu kommen.

Im Palast antwortet Nathan dem Sultan im Folgenden mit einem „Märchen", der sogenannten „Ringparabel". Er vergleicht dabei die Streitigkeiten um die wahre Religion mit einem Erbstreit von drei Söhnen um einen Ring. Dieser hat die Kraft, seinen Träger vor Gott und den Menschen angenehm zu machen. Ein Vater hat aus Liebe zu seinen Söhnen zwei weitere Ringe anfertigen lassen und ihnen auf dem Sterbebett je einen davon vererbt. Ein hinzugezogener Richter verweigert das Urteil, vertagt die Entscheidung um „tausend, tausend Jahre" und gibt den Söhnen den Rat, die Echtheit ihres Rings bis dahin durch gute Taten an den Menschen zu erweisen. Saladin reagiert beschämt und bittet um Nathans Freundschaft. Dieser nimmt an und bietet dem Sultan freiwillig sein Geld, einen Kredit, an.

Daja, die um die christliche Herkunft Rechas weiß, will diese mit dem Tempelherrn verkuppeln, weil sie hofft, dass sie dann mit beiden in ihre Heimat Europa zurückkehren kann. Als christliche Fanatikerin fürchtet sie zudem um das ewige Seelenheil der getauften Christin und will sie ihrer wahren Religion zuführen. Als sie von Nathans zögerlicher Reaktion hört, eröffnet sie dem Tempelherrn die Wahrheit über die christliche Herkunft Rechas. Dieser wendet sich sogleich Rat suchend an den christlichen Patriarchen von Jerusalem, nennt aber nicht Nathans Namen. Der Patriarch, dem die Annahme des Christenkindes durch einen Andersgläubigen als Sünde erscheint, will den ungenannten Juden sogleich finden und verbrennen lassen. Er schickt seinen unwilligen Boten, den Klosterbruder, aus, um ihn zu suchen.

Getrennt oder zusammen?

Verbindungen mit einem Verb

Seite 76, Übung 1

- Bist du schon einmal **hier gewesen**?
- Wer täglich eine halbe Stunde **Rad fährt**, lebt gesünder.
- Es wird ihr noch **leidtun**, dass sie sich so wenig bewegt.
- Das **Theaterspielen** hat sie bereits im Kindergarten geliebt.
- Wer **schwarzarbeitet**, verstößt gegen das Arbeitsrecht.
- Wir werden alle an dem Wettkampf **teilnehmen**.
- Ella hat ihr Rad **schwarz angestrichen**.
- Durch den Unfall wurde der gesamte Verkehr **lahmgelegt**.
- Du solltest das Essen zunächst auf dem Herd **warm machen/warmmachen**.
- Die **Eisen verarbeitende/eisenverarbeitende** Industrie hat mit Verlusten zu kämpfen.

- Ich habe meine Freundin im Urlaub **kennen gelernt/kennengelernt**.
- Manche Pädagogen befürworten, dass Kinder bereits im Kindergarten **lesen lernen**, und sie fordern, dass das **Sitzenbleiben** in der Schule abgeschafft wird.
- Die Führerscheinprüfung ist schon wieder **schiefgegangen**.

Seite 78,
Übung 2
Gotthold Ephraim Lessing: Nathan der Weise – Eine Inhaltsangabe (3. Teil)

Saladin mutmaßt, dass der Tempelherr der Sohn seines Bruders Assad und einer Christin und somit sein Neffe ist. Als dieser ihn aufsucht, bietet er ihm deshalb an, im Palast **zu bleiben**, ist dann aber über seinen Bericht über die jüngsten Ereignisse entsetzt. Zwar will er den Tempelherrn darin unterstützen, Recha zur Frau **zu bekommen**, findet aber den Groll des Tempelherrn auf Nathan unverhältnismäßig. Seine Schwester Sittah schlägt vor, Recha in den Palast **holen zu lassen**.

Der Klosterbruder findet Nathan in seinem Haus. Statt ihn **auszuliefern**, will er ihn warnen. Er berichtet von seiner eigenen Verwicklung in die Geschichte: Er selbst sei damals Reitknecht eines Mannes namens Wolf von Filnek gewesen und habe sich entschlossen, das Mädchen Nathan **zu übergeben**. Nathan ist erleichtert und erzählt dem Klosterbruder von dem Verlust seiner Familie in den Flammen und den darauf folgenden Hassgefühlen auf die Christen. Die Stimme der Vernunft habe ihn damals aufgefordert, sich wieder **aufzurichten**. Sich um das Mädchen **zu kümmern**, das sei ein Zeichen seiner Gottergebenheit. Der Klosterbruder zollt Nathan höchstes Lob und versichert ihm, dass die Geschichte noch ein gutes Ende nehmen könne. Er habe von dem Vater des Mädchens ein Buch mit einem Stammbaum darin. Er verspricht, es Nathan **zu überlassen**.

Als Nathan erfährt, dass Recha in den Palast geholt wurde, eilt er sogleich hinterher. Auf dem Weg trifft er auf einen zerknirschten Tempelherrn, der zugibt, ihn beinahe **verraten zu haben**. Stürmisch bittet der Tempelherr ihn erneut darum, ihm die Hand seiner Tochter **zu geben**. Nathan wiegelt ab und verweist auf einen Bruder, den er zuerst fragen müsse und den er im Palast antreffen könne.

Soweit oder so weit – Konjunktion oder andere Wortart?

Seite 79,
Übung 3
- Er wird, **soweit** man das heute schon sagen kann, den Wettkampf gewinnen.
- Ich zweifle, **wieweit** ich mich darauf verlassen kann.
- **Wie weit** ist es eigentlich noch?
- Er will, **sofern** es seine Zeit zulässt, ihr einen Besuch abstatten.
- Sie will ihn **so bald** nicht wiedersehen.
- **Wie lange** dauert es denn noch?
- Er schläft, **soviel** ich weiß, heute zu Hause.

Seite 80,
Übung 4
Gotthold Ephraim Lessing: Nathan der Weise – Eine Inhaltsangabe (4. Teil)

Als sie dort angelangen, finden sie Recha völlig aufgelöst vor. Daja habe ihr, **sobald** die Gelegenheit dazu gewesen sei, eröffnet, da**ss** Nathan nicht ihr Vater sei. Dieser bejaht dies **so weit**, bietet ihr jedoch weiterhin seine geistige Vaterschaft an.

Auf die enttäuschte Reaktion des Tempelherrn, dem Recha weni**g** Beachtung schenkt, reagiert Nathan mit der Aufklärung der wahren Verwandtschaftsverhältni**sse**. Die beiden seien tatsächlich Geschwister und Kinder seines damaligen Freundes Wolf von Filnek. Dieser habe sie nach dem To**d** seiner Frau und angesichts des Krieges in fremde Obhut geben mü**ss**en.

Des **W**eiteren vergewi**ss**ert sich Saladin bei Nathan, da**ss** es sich bei Wolf von Filnek um seinen verschollenen Bruder Assad handelt. Er erkennt im gleichen Augenbli**ck** die Geschwister als Teile seiner Familie an. Es wird deutlich, da**ss** der Jude, die Christen und die Muslime einer großen Familie angehören. Alle umarmen sich gegenseitig und erkennen, dass sie gemeinsame Wurzeln haben und aufeinander ange**w**iesen sind. **Inwieweit** der Zuschauer dieses Ende nachvollziehen kann, bleibt ihm überlassen.

Groß- und Kleinschreibung

Seite 82,
Übung 1
- Als sich Nathan und der Tempelherr **zum ersten Mal** treffen, lehnt der Kreuzritter den Dank für das **Erretten** Rechas aus dem Feuer unhöflich ab.

- **Des Weiteren** beleidigt er ihn sogar.
- Nathan versucht jedoch immer wieder **von Neuem/von neuem**, die Beziehungsebene positiv zu gestalten.
- Zum **einen** begegnet er dem Tempelherrn verbal mit großem Verständnis, zum **anderen** zeigt er auch eine **besondere** Geste, indem er seinen Mantel berührt.
- Am Ende der Szene nähern sich die **beiden** sogar ein **bisschen** an.
- Das **Besondere** an Nathan ist, wie sich auch im **Folgenden** zeigen wird, seine große Menschenfreundlichkeit.
- Der **Jerusalemer** Patriarch ist im Gegensatz dazu ein Mensch, der immer **recht/Recht** haben will, auch wenn er im **Unrecht** ist und grausam entscheidet.
- Von ihm geht etwas **Bedrohliches** aus, auch wenn er sich bei seinen wenigen Auftritten **jedes Mal** den Schein der Menschenzugewandtheit gibt.
- Letztlich verheißt seine fassadenhafte Freundlichkeit nichts **Gutes**.
- Die fiktive Figur des Sultans Saladin hat ein historisches Vorbild, nämlich den **islamischen** Herrscher Salah-Ed-Din.
- Zur Vorgeschichte der Dramenhandlung gehört, dass Saladin den Tempelherrn nach seinem Sieg über die Kreuzritter als **Einzigen** begnadigt hat, weil ihn sein **Äußeres** an seinen Bruder Assad erinnert.
- Das **Auffällige** am Schluss des Schauspiels ist, dass Nathan bei der Umarmung **aller** in der Beobachterrolle verbleibt.

Das oder dass – Artikel, Pronomen oder Konjunktion?

Seite 84, Übung 1

- „Über dem Tisch, auf dem eine auseinandergepackte Musterkollektion von Tuchwaren ausgebreitet war – Samsa war Reisender – hing **das (A)** Bild, **das (R)** er vor Kurzem aus einer illustrierten Zeitung ausgeschnitten und in einem hübschen, vergoldeten Rahmen untergebracht hatte." (S. 5)
- „Gregors Blick richtete sich dann zum Fenster, und **das (A)** trübe Wetter – man hörte Regentropfen auf **das (A)** Fensterblech aufschlagen – machte ihn ganz melancholisch." (S. 5)
- „'Wie wäre es, wenn ich noch ein wenig weiterschliefe und alle Narrheiten vergäße', dachte er, aber **das (D)** war gänzlich undurchführbar, denn er war gewöhnt, auf der rechten Seite zu schlafen, konnte sich aber in diesem gegenwärtigen Zustand nicht in diese Lage bringen." (S. 5 f.)
- „Sollte der Wecker nicht geläutet haben? Man sah vom Bett aus, **dass (K)** er auf vier Uhr richtig eingestellt war; gewiss hatte er auch geläutet." (S. 7)
- „Wie nun, wenn er sich krank meldete? **Das (D)** wäre aber äußerst peinlich und verdächtig, denn Gregor war während seines fünfjährigen Dienstes noch nicht einmal krank gewesen." (S. 7)
- „Gregor erschrak, als er seine antwortende Stimme hörte, die wohl unverkennbar seine frühere war, in die sich aber, wie von unten her, ein nicht zu unterdrückendes, schmerzliches Piepsen mischte, **das (R)** die Worte förmlich nur im ersten Augenblick in ihrer Deutlichkeit beließ, um sie im Nachklang derart zu zerstören, **dass (K)** man nicht wusste, ob man recht gehört hatte." (S. 8)
- „Aber durch **das (A)** kleine Gespräch waren die anderen Familienmitglieder darauf aufmerksam geworden, **dass (K)** Gregor wider Erwarten noch zu Hause war, und schon klopfte an der einen Seite der Vater, schwach, aber mit der Faust." (S. 8)
- „Zunächst wollte er ruhig und ungestört aufstehen, sich anziehen und vor allem frühstücken, und dann erst **das (A)** Weitere überlegen, denn **das (D)** merkte er wohl, im Bett würde er mit dem Nachdenken zu keinem vernünftigen Ende kommen." (S. 8)

Seite 85, Übung 2

Franz Kafka: Die Verwandlung – Eine Inhaltsangabe

Die Erzählung „Die Verwandlung" von Franz Kafka, entstanden im Jahre 1912 und erstmals erschienen im Jahre 1915 im Oktavheft der expressionistischen Zeitschrift „Die weißen Blätter", thematisiert **das** Problem der Entfremdung des Einzelnen von sich selbst und der Gemeinschaft am Beispiel eines immer weiter eskalierenden Konflikts in einer Familie, der sich an einer unheimlichen Verwandlung des Sohnes entzündet.

Erzählt wird die Geschichte des Junggesellen Gregor Samsa, der, zusammen mit seinen Eltern und seiner Schwester Grete in einer Wohnung lebend, sich aus ungeklärter Ursache in ein riesiges Ungeziefer verwandelt hat. Diese Metamorphose verändert nicht nur sein Leben in entscheidender Weise, sondern auch **das** der übrigen Familienmitglieder, deren Lebensweise von den Bindungen zueinander sowie gegenseitigen Abhängigkeiten geprägt ist. Ist es vor seiner Verwandlung Gregor, der als einziger Verdiener der Familie für deren Unterhalt aufgekommen ist, so fällt er in der Funktion des Ernährers und damit zugleich als **das** scheinbare Familienoberhaupt aus.

Weil er nicht pünktlich zur Arbeit erschienen ist, stattet Gregors Vorgesetzter der Familie Samsa einen Kontrollbesuch ab. Während die Familienmitglieder auf unterschiedliche Art und Weise zu erreichen versuchen, **dass** Gregor seine Zimmertür öffnet, kann dieser mit seiner verwandelten Gestalt noch nicht umgehen und schafft es nur unter großen Anstrengungen und Schmerzen, eine menschliche Körperhaltung einzunehmen und mit dem dafür ungeeigneten Insektenkiefer die Tür zu öffnen. Da die Anwesenden Gregors Absicht, sich zur Aufklärung der Situation zu zeigen, nicht erkennen, kommt es zum Eklat. Schließlich wird Gregor durch väterliche Gewalteinwirkung in sein Zimmer zurückgetrieben und darin eingeschlossen.

Obwohl sich der Protagonist im Laufe der Zeit, unterstützt durch **das** zunächst fürsorgliche Bemühen der Schwester Grete, an seinen Tierkörper mit seinen neuen Bedürfnissen gewöhnt, wird er angesichts seiner nunmehr parasitären[1] Rolle in der Familie von Schuldgefühlen geplagt. Es stellt sich jedoch heraus, **dass** die finanzielle Situation weniger besorgniserregend ist als zunächst befürchtet, da Gregors Vater unbemerkt ein kleines Vermögen beiseitegeschafft hat, **sodass (so dass)** die Familie ihren Lebensstandard zunächst aufrechterhalten kann.

Ein Versuch Gretes, **das** Zimmer Gregors, **das** er bisher als Mensch bewohnt hat, auszuräumen, um es seiner tierischen Seinsweise anzupassen und ihm Bewegungsfreiheit zu ermöglichen, endet schließlich erneut in einem offenen Vater-Sohn-Konflikt: Als die zunächst zögernde Mutter doch schließlich beim Ausräumen des Zimmers hilft, verteidigt Gregor seine liebste Habe, ein Bild, **das** eine Dame im Pelz zeigt, indem er sich darauf setzt. In der Folge fällt die Mutter in Ohnmacht. Der Versuch, die Situation zu klären, führt dazu, **dass** sich Gregor erneut aus seinem Zimmer wagt. Der heimkehrende Vater jedoch deutet, motiviert durch eine Bemerkung Gretes, **das** Verlassen des Zimmers als einen Ausbruchsversuch und bombardiert ihn mit Äpfeln. Einer von diesen dringt so tief in den gepanzerten Rücken ein, **dass** er dort stecken bleibt und langsam verfault.

Während Gregor ernsthaft verletzt in seinem Zimmer verweilt und sich **das** Befinden des Protagonisten dramatisch verschlechtert, wächst die Selbstständigkeit und Unabhängigkeit der Familie von ihrem einstigen Ernährer durch die Erwerbsarbeit aller Familienmitglieder. Die Notwendigkeit, **dass** Gregor gepflegt werden muss und **dass** ihm ein Platz in der Familie gebührt, wird zunehmend als Belastung empfunden, was eine Einschränkung der Hilfeleistungen zur Folge hat. Die Vernachlässigung führt bei Gregor zum ersten Mal zu offener Wut auf seine Familie. Die Schwester, die nun zunehmend durch ihre Arbeit und die Teilnahme an verschiedenen Kursen in Anspruch genommen wird, wird nun im Haushalt durch die Einstellung einer Hausangestellten entlastet, zu deren Aufgabenbereich auch **das** Pflegen Gregors gehört.

Zu einem letzten, offenen Konflikt kommt es schließlich dadurch, **dass** sich Gregor, angelockt durch **das** Violinspiel der Schwester, den drei Untermietern zeigt, die die Samsas zur Verbesserung ihrer finanziellen Lage aufgenommen und seitdem sehr unterwürfig bedient haben. Mit Verweis auf die widerlichen Verhältnisse kündigen sie die Wohnung. In einem sich anschließenden Gespräch innerhalb der Familie fordert Grete energisch dazu auf, **das** Ungeziefer, in dem sie nicht mehr ihren Bruder erkennen kann, zu beseitigen. Im Einverständnis mit diesem Todesurteil zieht sich Gregor beschämt in sein Zimmer zurück und stirbt. Die Familie reagiert erleichtert, kündigt der alten Bedienerin und wirft mit sofortiger Wirkung die Zimmerherren heraus. Anstatt **dass** sie zur Arbeit gehen, machen die drei einen Ausflug und schmieden Zukunftspläne.

---

[1] Ein **Parasit** ist ein Organismus, der an oder in einem anderen Organismus lebt und seine Nahrung oder andere Leistung ohne gleichwertige Gegenleistung von seinem Wirt bezieht. Ein parasitäres Dasein bedeutet also ein Leben auf Kosten anderer.

Die Zeichensetzung – Das Komma

Die Regeln der Kommasetzung – Kennen Sie sich aus?

Seite 88,
Übung 1

Sophokles: Antigone – Eine Inhaltsangabe (1. Teil)

Die Handlung spielt in Griechenlands mythischer Vorzeit in der Stadt Theben. Um die Herrschaft in dieser „Polis",[1] einem antiken griechischen Stadtstaat,[1] ist gerade ein erbitterter Kampf zwischen den Königssöhnen Eteokles und Polyneikes zu Ende gegangen. Die Vereinbarung,[2] die Herrschaft im jährlichen Wechsel auszuüben,[2] ist gescheitert,[3] weshalb der daraufhin vertriebene Polyneikes die Stadt gewaltsam zurückerobern wollte. Die Brüder haben sich im Kampf gegenseitig ermordet und so kommt ihr Onkel Kreon an die Macht. Die Königsbrüder haben noch zwei lebende Schwestern namens Antigone und Ismene,[4] die allerdings als Frauen keinen Anspruch auf den Thron haben.

Vor dem Palast sucht Antigone das Gespräch mit Ismene,[5] um sie zur Mithilfe ihres noch geheimen Planes zu bewegen. Sie will dem Gebot Kreons,[6] den Bruder Polyneikes unbestattet den Vögeln zum Fraß zu überlassen,[6] zuwiderhandeln. Ismene lehnt jedoch aus Angst vor der Staatsgewalt ab und sieht keinen Sinn darin,[7] sich aufzulehnen. Als der neue Herrscher Thebens vor den Stadtältesten seine Antrittsrede hält,[8] hat Antigone seine Anweisung bereits übertreten und an dem Toten die heiligen Bestattungsriten vollzogen,[9] ohne ihn jedoch vollständig begraben zu können. Ein Wächter,[10] den Kreon bei der Leiche postiert hat,[10] berichtet von der Zuwiderhandlung und wird abermals losgeschickt,[11] um den Täter zu finden. Alle Beteiligten können sich für diese kühne Tat nur einen Mann als Schuldigen vorstellen. Der Chor,[12] der aus den Stadtältesten besteht,[12] besingt in seinem ersten sogenannten Standlied die „ungeheuren" Fähigkeiten des Menschen.

Der Wächter kommt zurück und beschuldigt Antigone der Tat. Sie sei abermals bei der Leiche gewesen,[13] die die Wächter vom Sand befreit haben,[13] und habe die Bestattungsrituale am Leichnam,[14] nämlich das Bestreuen mit Sand und den Weiheguss,[14] wiederholt. Als sie befragt wird,[15] rechtfertigt sie ihre Tat mit dem Verweis auf das göttliche,[16] ungeschriebene Gebot,[17] Tote zu bestatten. Kreon kündigt an,[18] sowohl Antigone als auch ihre Schwester Ismene mit dem Tod zu bestrafen. Daraufhin solidarisiert sich Ismene mit Antigone und bekennt sich zu der Tat,[19] obwohl sie daran keinen Anteil hat. Antigone hört sie an,[20] aber sie weist ihr Ansinnen zurück und will allein in den Tod gehen. Der Chor besingt in seinem zweiten Standlied die leidvolle Geschichte der königlichen Familie,[21] der Labdakiden,[21] und die Macht des Schicksals über den Menschen.

1 Einschub (Apposition)
2 Infinitivgruppe
3 Satzgefüge, Gliedsatz/Nebensatz
4 Satzgefüge, Gliedsatz/Nebensatz
5 Infinitivgruppe
6 Infinitivgruppe
7 Infinitivgruppe
8 Satzgefüge, Gliedsatz/Nebensatz
9 Infinitivgruppe
10 Satzgefüge, Gliedsatz/Nebensatz
11 Infinitivgruppe
12 Satzgefüge, Gliedsatz/Nebensatz
13 Satzgefüge, Gliedsatz/Nebensatz
14 Einschub
15 Satzgefüge, Gliedsatz/Nebensatz
16 Aufzählung
17 Infinitivgruppe
18 Infinitivgruppe
19 Satzgefüge, Gliedsatz/Nebensatz

20 Entgegensetzende Konjunktion
21 Einschub (Apposition)

Seite 89,
Übung 2 **Sophokles: Antigone – Eine Inhaltsangabe (2. Teil)**

Kreons Sohn Haimon ist der Verlobte Antigones. Er startet den Versuch, den Vater umzustimmen, und argumentiert damit, dass dies auch der heimliche Wille des thebanischen Volkes sei. Als Kreon unnachgiebig bleibt, droht der Sohn mit Selbstmord. Der Chor besingt in seinem dritten Standlied die Macht des Eros, des Gottes der begehrlichen Liebe.

Antigone wird dazu verurteilt, lebendig in ein Felsgrab gesperrt zu werden, wo sie sterben soll. Sie stimmt selbst ihre Totenklage an und beweint sowohl ihr persönliches als auch das Schicksal ihrer Familie. Der Chor erinnert in seinem vierten Standlied an jene mythischen Figuren, die ein ähnliches Schicksal erdulden mussten wie jetzt Antigone.

Ein blinder Seher, Teiresias, wendet sich an Kreon und warnt ihn. In seiner Vogelschau, einer Weissagungsmethode, bei der aus der Art des Vogelflugs die Zukunft gedeutet wird, habe er gesehen, dass sich die Götter von der Stadt abwendeten. Dies sei Kreons Schuld, weil er durch sein Bestattungsverbot zugelassen habe, dass die Opferaltäre entweiht würden. Dieser lässt sich zunächst nicht beeindrucken und unterstellt dem Seher ein eigennütziges Motiv. Er wirft ihm vor, dass er von seinen Gegnern mit Geld bestochen worden sei und sich ihm deshalb entgegenstelle. Erst als Teiresias den Untergang seines gesamten Hauses voraussagt, lenkt Kreon erschüttert ein. Er will den Ratschlag des Chors befolgen, Polyneikes zu bestatten und Antigone aus der Felsengruft zu befreien. In seinem fünften und letzten Standlied beschwört der Chor den Gott Dionysos und bittet um Heil für die Stadt.

Für eine Wendung des Schicksals ist es jedoch bereits zu spät. Ein Bote berichtet davon, dass sich Antigone in ihrem steinernen Grab erhängt habe. Haimon richtet darauf in seiner Verzweiflung das Schwert zuerst gegen seinen eintreffenden Vater, aber diesem gelingt die Flucht. Haimon begeht daraufhin Selbstmord. Als Eurydike, die Gattin Kreons, davon erfährt, verflucht sie ihren Mann als Kindesmörder und ersticht sich. Kreon bleibt allein als gebrochener Mann zurück und erkennt seine Verfehlung an.

Das Komma in Aufzählungen

Seite 91,
Übung 1
- Füllen Sie zunächst den Fragebogen aus(,) und errechnen Sie dann die erreichte Punktzahl bzw. den Mittelwert.
- Im Programmkino sind folgende Filme zu sehen: „Die Bücherdiebin", „Der Medicus", „Der Vorleser" und „Casablanca".
- Nach dem Abitur will Marie entweder sofort mit dem Studium beginnen oder ein Praktikum in einem Architekturbüro, einem Verlag oder einer Buchhandlung absolvieren.
- Leonas fotografiert einen Goldhamster(,) und seine Freundin Lara liest ein Buch.
- Jonas studiert nicht nur Psychologie, sondern er macht gleichzeitig eine Ausbildung zum Telefonseelsorger.
- Später wird er entweder in einer deutschen Klinik arbeiten(,) oder er wird sich im Ausland im Rahmen des Entwicklungsdienstes engagieren.
- Die Software ist weder funktionsfähig noch für uns geeignet, aber sehr teuer.
- Sollen wir für das Referat eine PowerPoint-Präsentation erstellen(,) oder ist das nicht notwendig?
- Rosalie will in den Ferien nicht in den Urlaub fahren, sondern sich um einen Schülerjob kümmern.
- Lukas hat seinen Urlaub bereits gebucht, jedoch erst für die letzte Ferienwoche.

Seite 91,
Übung 2
- Er fragte sich, ob die Entscheidung richtig war, ob er nicht doch besser etwas anderes hätte wählen sollen oder ob er sich nicht zuvor von einem Experten hätte beraten lassen sollen.
- Der alte Mann vollführt merkwürdige Gesten am Fenster, weil er den Jungen aufheitern will, und löscht anschließend das Licht.
- Während sie gemütlich auf dem Sofa ein Buch liest, einen Espresso trinkt und während sie nebenbei im Hintergund Musik hört, wird im Erdgeschoss eingebrochen.

- Der Busfahrer bremst so stark ab, dass sich die Fahrgäste festhalten müssen und das Gepäck auf den Boden fällt.
- Esra ist sich nicht sicher, ob er studieren oder eine Ausbildung beginnen soll, und deshalb besorgt er sich einen Termin bei der Arbeitsagentur bzw. bei der Berufsberatung in der Schule.
- Du solltest am besten ins Bett gehen, wenn du dich nicht wohlfühlst, oder einen Arzt aufsuchen.
- Lea schließt eine Handyversicherung ab, nachdem sie sich zum Kauf eines teuren Geräts entschieden hat, und besorgt sich zusätzlich eine Schutzhülle, die preiswert ist und außerdem auch noch elegant aussieht bzw. zu ihrer Schultasche passt.

Seite 92, Übung 3 [...] Der Gang der Handlung wird immer wieder von Liedern des Chores unterbrochen. Mit diesen Liedern wird das Geschehen reflektiert (,) und die zugrunde liegende Thematik wird verdeutlicht. Die ersten beiden Lieder handeln vom Menschen, von seinen Fähigkeiten, aber auch von seinen Begrenzungen. Für die Deutung ist Folgendes wichtig: Das erste Standlied ist zwar nach der Tat Antigones, jedoch vor ihrer Entdeckung angesiedelt, das zweite indes, nachdem Antigone ein weiteres Mal die Bestattungsriten am Leichnam vollzogen hat und dabei gefasst vor Kreon geführt und zum Tode verurteilt worden ist. Der Chor weiß also erst beim Vortrag bzw. beim Singen des zweiten Standliedes von Antigones unheilvollem Schicksal. [...]

Das Komma bei Einschüben und nachgestellten Erläuterungen

Seite 93, Übung 1 Eingefügt sind nur die verpflichtenden Kommas.
- Der Autor Bertolt Brecht, geboren am 10.02.1898 in Augsburg und gestorben am 14. August 1956 in Berlin, gilt als der Erfinder des sogenannten epischen Theaters.
- Bertolt Brecht vereinte in dem Begriff episches Theater zwei Großgattungen der Literatur, die Epik und die Dramatik, also die erzählende Literatur und das Theaterspiel.
- Was der Erzähler in einem epischen Text leistet, nämlich die Kommentierung des Geschehens, sollte in einem Theaterstück durch besondere Effekte, z.B. das Heraustreten der Schauspieler aus ihrer Rolle, ermöglicht werden.
- Durch sogenannte Verfremdungseffekte, z.B. das Einfügen von kommentierenden Songs in die Handlung oder das Präsentieren von Spruchbändern, sollte im Zuschauer eine Distanz zum Geschehen aufgebaut werden.
- Auf diese Weise sollten die Zuschauer, nach den Vorstellungen Brechts Menschen aus dem einfachen Volk, ein kritisches Bewusstsein erhalten, und zwar hinsichtlich ihrer eigenen gesellschaftlichen Gegebenheiten.
- Brechts berühmtes Schauspiel „Mutter Courage und ihre Kinder – Eine Chronik aus dem Dreißigjährigen Krieg", geschrieben in den Jahren 1938 und 1939, und zwar kurz vor Ausbruch des Zweiten Weltkriegs, wurde am 19. April 1941 am Schauspielhaus Zürich uraufgeführt.
- Darin geht es um eine Frau, genannt „Mutter Courage", die während des Dreißigjährigen Krieges skrupellos auf ihren geschäftlichen Profit bedacht ist und dadurch ihre Kinder, es sind insgesamt drei, verliert.
- Von Willy Haas, einem deutschen Publizisten, Drehbuchautor und Filmkritiker, wurde das Schauspiel „Mutter Courage" wegen seiner inhaltlichen Gestaltung und wegen seines Aufbaus als „Brechts Meisterwerk" bezeichnet.

Das Komma in Satzgefügen

Seite 94, Übung 1
- Im Drama „Antigone", <u>das im Jahre 442 oder 441 v. Chr. von Sophokles geschrieben und erstmals aufgeführt wurde</u>, geht es um die Frage nach den sittlichen Maximen für das Zusammenleben der Menschen.
- Dargestellt wird der Widerstand einer jungen Frau mit Namen Antigone gegen das vom Herrscher Kreon erlassene Verbot, <u>dass Polyneikes</u>, <u>der sein Feind ist</u>, <u>bestattet wird</u>.

- Polyneikes, der gleichzeitig Antigones Bruder ist, hat die gewaltsame Unterwerfung der Stadt Theben versucht.
- Da Antigone an dem getöteten Bruder die heiligen Bestattungsrituale gegen den Willen Kreons vollzieht, wird sie von diesem dazu verurteilt, dass sie lebendig in einer Grabkammer eingeschlossen wird.
- Dieses Urteil wird sowohl von dem Sohn des Herrschers (Haimon), welcher mit Antigone verlobt ist, als auch von dem Seher Teiresias infrage gestellt.
- Beide warnen Kreon vor den Folgen seines Tuns, mit welchem er das heilige Recht der Götter missachtet und seine eigene Macht überschätzt.
- Kreon hört in seiner Verblendung erst zu spät auf die unheilvollen Zeichen und wird grausam bestraft, indem seine Frau Eurydike und sein Sohn Haimon Selbstmord begehen.
- Wäre er dem Rat des Sehers gefolgt, hätte das Geschehen für ihn einen anderen Ausgang genommen.
- Das Drama zeigt, dass die Menschen, obwohl sie über ungeheure Fähigkeiten verfügen, dem Schicksal nicht entgehen können.

Seite 95, Übung 2

Von Göttern und Menschen: Antike Mythologie

Das Weltbild der Antike, wie es sich im Drama „Antigone" darstellt, fußt auf mythologischen (sagenhaften) und religiösen Vorstellungen, die unseren heutigen sehr fremd sind. Daher werden im Folgenden einige diesbezügliche Grundlagen erläutert, die für das Gesamtverständnis der Tragödie, die eine Form des Dramas darstellt, relevant sind.

Die griechische Religion kennt viele verschiedene Gottheiten, sie ist also polytheistisch. Die Götter haben dabei deutlich menschliche Eigenschaften, worin ein entscheidender Unterschied zu den monotheistischen (von einer Gottheit ausgehenden) Religionen Judentum, Christentum und Islam besteht. Die griechischen Götter können leidenschaftlich, eifersüchtig, zornig, ausgelassen und kampfeslustig sein. Auch intime Verhältnisse zu den Menschen, aus denen zuweilen Kinder hervorgehen, kommen vor. Deshalb gibt es auch den Zwischenstatus des Halbgotts.

Den Menschen der Antike erschienen die sie umgebende Natur und ihre eigene Geschichte als gottgegeben und durch die Götter bzw. das Schicksal bestimmt. Deshalb gibt es mythologische Erzählungen, die das konkrete Leben und die Erfahrungen der Menschen durch die Existenz göttlicher Mächte erklärbar machen. So ranken sich um die Schicksale einzelner Königsfamilien, von denen es heißt, dass sie von den Göttern abstammten, sagenhafte Geschichten, die zunächst mündlich und später auch in Form von Epen (Erzählungen in Versform) und Dramen überliefert wurden. Die Antigone-Figur etwa stammt aus dem Mythenzyklus, welcher sich um die Herrscherfamilie des Stadtstaates Theben rankt, dem sogenannten thebanischen Sagenkreis.

Auch die Entstehung der Welt und ihre Ordnung wurden durch das Wirken der Götter erklärt. Aus dem Kampf der Gottheiten resultierte der Zerfall der Welt in verschiedene Bereiche. In der Forschung existiert die Theorie, dass die ältesten Gottheiten weiblich waren und mit dem Glauben an sie eine völlig andere Gesellschaftsform korrespondierte, in welcher den Frauen die größte Macht zugestanden wurde. In diesem Zusammenhang spricht man vom sogenannten „Matriarchat". Mit dem Aufkommen der männlichen Vorherrschaft in Familie und Staat veränderte sich auch die Vorstellung der Menschen vom göttlichen Kosmos. Weibliche Gottheiten wurden zunehmend verdrängt und mit dem Element der Erde gleichgesetzt, während männliche Gottheiten dem Himmel bzw. dem Olymp zugeordnet wurden. Deshalb kennt das antike Griechenland die Unterscheidung zwischen erdhaften und himmlischen (olympischen) Gottheiten. Daneben unterscheidet man noch das Element des Meeres. Dem Mythos nach ist der gesamte Kosmos unter den drei Götterbrüdern Zeus, dem Beherrscher des Himmels und der Erde, Poseidon, dem Herrn des Meeres, und Hades, dem Herrn der Unterwelt, aufgeteilt. Der Name Hades wird auch als Synonym für die Welt der Toten gebraucht.

Damit der Mensch in das Schattenreich gelangen kann, muss der Unterweltfluss Acheron überquert werden. Antigone benutzt in ihrer Klage dessen Namen als Synonym für den Tod. Der Fährmann Charon wartet am Ufer und nimmt nur diejenigen mit in sein Boot, welchen eine rituelle Bestattung zuteil wurde und denen zudem eine Münze für die Überfahrt unter die Zunge gelegt wurde. Unbestattete hingegen können nicht an den Ort kommen, der für sie bestimmt ist, was sowohl ihr persönliches Recht auf eine Weiterexistenz als körperlose Wesen (Schatten) als auch das Recht der unteren Götter auf den Leichnam verletzt.

Das Komma bei Infinitivgruppen

Seite 97, Übung 1

- Mit seinen Fähigkeiten, mit der Gottheit zu kommunizieren und die Zukunft vorauszusagen, gilt der blinde Seher Teiresias als Mittler zwischen der Götter- und der Menschenwelt.
- Ein Knabe begleitet ihn, um den Blinden zu führen.
- Anstatt sich wie Kreon von seinen Emotionen leiten zu lassen, agiert Teiresias sehr bedächtig und überlegt.
- Er macht Kreon den Vorwurf, unbelehrbar und verblendet zu sein.
- Kreon denkt nicht daran, sich in die göttliche Ordnung einzufügen, und vertut am Schluss seine letzte Chance, gerettet und geheilt zu werden.
- Die Schülerinnen und Schüler des Leistungskurses Deutsch beabsichtigen(,) einige Szenen aus der Tragödie einzustudieren und aufzuführen.
- Um die Beziehungen der Figuren besser verstehen zu können, bauen sie zunächst einige Standbilder.
- Dabei geht es darum, den Text genau zu untersuchen und anschließend mit eingefrorenen Gesten und Körperhaltungen das Beziehungsgefüge zu verdeutlichen.
- Im Einzelfall kann es auch sinnvoll sein, die Beziehung zunächst in einer Skizze festzuhalten, um dann anschließend mit dem Standbildbau zu beginnen.
- Wichtig ist es, die Personen bis in die kleinste Nuance (Handhaltung, Blick ...) aufzustellen.
- Dabei muss immer wieder versucht werden(,) einen unmittelbaren Bezug zur Textvorlage herzustellen.

Seite 97, Übung 2

Antigone – Eine Charakterisierung

Antigone entstammt einem königlichen Geschlecht, und zwar dem Haus der Labdakiden. Den Mitgliedern ihrer Familie widerfährt seit Generationen immer wieder neues Unheil, ein Umstand, der auf einen Fluch zurückgeführt wird. So hat z. B. ihr Vater Ödipus unwissentlich seinen Vater erschlagen und seine Mutter geheiratet. Hiermit hat sich an ihm das Schicksal erfüllt, das ihm vorausgesagt wurde und dem er entfliehen wollte.

Als er dies erkannte, blendete er sich selbst und verließ seinen Herrschaftsbereich Theben, um mit seiner Tochter Antigone in den Bergen umherzuziehen. Schon in der Vorgeschichte des Dramas wird somit Antigones Familiensinn als ein zentraler Bestandteil ihres Wesens erkennbar. Die weibliche Hauptfigur des Dramas hat drei Geschwister: Ismene, Eteokles und Polyneikes. Nach dem Tod ihrer beiden Brüder in der Schlacht um die Herrschaft in Theben hat nun ihr Onkel Kreon als neuer König die Regierungsgeschäfte übernommen.

Da dieser als sein erstes Gesetz verkündet, die Leiche des Polyneikes unbestattet zu lassen und ihn damit als Landesverräter zu ächten, entschließt sie sich dazu, Widerstand zu leisten. Sie vollzieht die heiligen Bestattungsriten an seinem toten Körper zweifach und wird dabei gefasst und von Kreon zum Tode verurteilt.

Antigones Denken und Handeln ist in erster Linie durch die tiefe und innige Verbundenheit mit ihrer Familie motiviert. So bezeichnet sie diese auch nach deren Tod als ihre „Lieben" (V. 10) und ist stolz darauf, ihre verstorbenen Körper „alle einst gewaschen und geschmückt" (V. 901) zu haben. Da für sie die Philia, die Familienliebe, als zentrales Prinzip gilt, ist es für sie völlig unerheblich, ob ihr Bruder Polyneikes der Verräter und Aggressor ist, als der er von Kreon diffamiert wird. Sie bestattet ihn, weil ihr schon allein die Vorstellung, ihn den Vögeln und Hunden zum Fraß zu überlassen, Schmerzen bereitet.

Rhetorische Figuren – Stilfiguren

Seite 99, Übung 1

Umschreibung	Fachausdruck
Mehrere Sätze, Satzteile oder Verse beginnen mit dem gleichen Wort:	die Anapher
Das Negative eines Sachverhalts wird durch positive Bezeichnungen verhüllt:	der Euphemismus
Eine Reihe von Ausdrücken ist steigernd angeordnet:	die Klimax
Allgemeinen Begriffen, Gegenständen, Tieren oder Pflanzen werden Eigenschaften und Verhaltensweisen zugeordnet, die nur Menschen zukommen:	die Personifikation
Ein Text besteht aus Sätzen, die so gebaut sind, dass überwiegend Hauptsätze aneinandergereiht werden:	die Parataxe/der parataktische Satzbau
Eine Frage, auf die keine Antwort erwartet wird, weil die Übereinstimmung mit dem Angesprochenen vorausgesetzt wird:	die rhetorische Frage
Der Sprecher meint das Gegenteil dessen, was er sagt:	die Ironie
Wörter oder kurze Sätze stehen unverbunden nebeneinander:	das Asyndeton
Mehrere Wörter bzw. betonte Silben beginnen mit dem gleichen Laut:	die Alliteration
Neuschöpfung eines Wortes, das es so bisher noch nicht gab und das manchmal nur in einem bestimmten Text verwendet wird:	der Neologismus
Eine deutliche Übertreibung: Ein Ausdruck wird so übersteigert, dass er wörtlich genommen nicht mehr zutrifft:	die Hyperbel
Ein Wort wird aus dem üblichen Sprachgebrauch gelöst und so in einen anderen Zusammenhang eingeordnet, dass eine neue, übertragene Bedeutung entsteht:	die Metapher
Ein Text besteht überwiegend aus Satzgefügen:	die Hypotaxe/der hypotaktische Satzbau
Ein konkreter Gegenstand oder eine Farbe stehen für einen allgemeinen Sinnzusammenhang:	das Symbol
Durch *wie*, *als ob* u. Ä. wird eine Beziehung hergestellt zwischen zwei Bereichen, zwischen denen es Gemeinsamkeiten gibt:	der Vergleich
Ein abstrakter Begriff wird in einem figürlichen Bild veranschaulicht:	die Allegorie
Die Bedeutung eines Wortes wird bereits durch den Klang ersichtlich:	die Lautmalerei/die Onomatopoesie
In aufeinanderfolgenden Sätzen werden die Satzglieder in gleicher Weise angeordnet:	der Parallelismus
Wörter bzw. Satzglieder stehen innerhalb eines Satzes an ungewöhnlicher Stelle:	die Inversion
Mehrere Wörter enthalten gleichklingende Vokale:	die Assonanz

Seite 100, Übung 2

Inversion: „Wild zuckt der Blitz." (V. 1)
„und knarrend öffnet jetzt das Tor ein Edelmann [...]" (V. 6)

Lautmalerei: „zuckt" (V. 1), „Blitz" (V. 1), „Donner rollt" (V. 2), „saust" (V. 3), „schimmert" (V. 5), „knarrend" (V. 6)

Assonanz: „Donner rollt" (V. 2)

Alliteration: „rollt" – „Reiter" – „Ross" (V. 2)
„sein" – „saust" (V. 3)
„Fuchs" – „fest" (V. 4)
„scheuen" – „schmales" – „schimmert" (V. 4 f.)
„Gitterfenster" – „goldenhell" (V. 5)

Metapher:	„Fuchs" (Pferd mit der Fellfarbe eines Fuchses) (V. 4)
	„goldenhell" (V. 5)
Parataxe:	durchgängig
...	

Seite 100, Übung 3

Die rhetorischen Figuren bringen die im Text deutlich werdende unheimliche Stimmung zum Ausdruck.

Zitieren

Seite 102, Übung 1

- Zu Beginn der letzten Strophe erfährt der Leser, dass beide nebeneinander „durch den Wald [reiten]" (V. 1). Hier wird deutlich, dass der Hausherr nicht untergeordnet ist.
- Im Gegensatz zum Beginn hat sich die Atmosphäre vollkommen gewandelt, denn „Kein Lüftchen regt sich heut." (V. 1)
- Die Verkleinerungsform „Lüftchen" (V. 1) findet eine Entsprechung im dritten Vers. Dort ist nämlich von den „frühsten Vöglein" (V. 3) die Rede.
- Zusammen mit den „Friedselge[n] Wolken" (V. 4) wird auf diese Weise eine von Ruhe und innerem Frieden geprägte Stimmung verdeutlicht.
- Dass in der vorausgegangenen Nacht etwas Furchtbares passiert sein muss, bringen die „zersplittert[en] Ästetrümmer" (V. 2) zum Ausdruck.
- Mit dem Vergleich „als kehrten Engel heim von einer nächtgen Wacht" (V. 5) nimmt der Autor Bezug auf ein mögliches göttliches Eingreifen in das vergangene Geschehen.
- Die weiterhin existierende Angst des Reiters wird durch folgendes Zitat ersichtlich: „Der Reiter lauert aus den Augenwinkeln" (V. 8).
- Mit dem abschließenden Satz „‚Mein ist die Rache, redet Gott'" (V. 14) verweist der Edelmann auf eine höhere Gerechtigkeitsinstanz.

Inhaltsverzeichnis

Mit Sachtexten umgehen

Einen Sachtext verstehen und seinen Inhalt zusammenfassen

Information

Bei der **Zusammenfassung des Inhalts eines Sachtextes** geht es darum, den Leser über den **Inhalt des Textes zu informieren. Im Gegensatz zu einer detaillierten Analyse eines** Sachtextes steht bei der Inhaltszusammenfassung das **„Was"** des Textes im Vordergrund und weniger das „Wie". Die schriftliche Zusammenfassung des Inhalts eines Sachtextes kann für Sie hilfreich sein, die Textaussagen genauer zu verstehen.

Sie können sich bei der Abfassung einer Inhaltszusammenfassung an folgenden Hinweisen orientieren.

Einleitung	In der **Einleitung** nennt man Verfasser/Verfasserin, den **Titel**, die **Textsorte**, das **Thema** sowie – falls bekannt – **Erscheinungsort** und **-jahr** des Textes.
Hauptteil	Im **Hauptteil** fasst man die **wesentlichen Informationen** der einzelnen Textabschnitte zusammen. Voraus geht dem eine **Gliederung des Textes** in Sinnabschnitte. Oftmals sind Texte bereits in Abschnitte gegliedert, an denen man sich orientieren kann. Es kann unter Umständen aber auch sinnvoll sein, zwei oder auch mehrere Abschnitte zu einem Sinnabschnitt zusammenzufassen. Wichtig für ein angemessenes Textverständnis ist, dass dem Leser der **Zusammenhang der einzelnen Sinnabschnitte** verdeutlicht wird.
Schluss	Im **Schlussteil** wird die **Gesamtaussage des Textes** zusammengefasst.

Die **Sprache der Inhaltszusammenfassung** ist **sachlich**, es werden keine Wertungen der Aussagen des Textes vorgenommen. Das Tempus der Zusammenfassung ist das Präsens.

1. In der Regel werden Sie schon bestimmte Kenntnisse über den Sachverhalt haben, der in dem Sachtext angesprochen wird. Hilfreich für ein angemessenes Textverständnis ist es, wenn Sie sich dieses Vorwissen bewusst machen.

Für das Thema des folgenden Sachtextes können Sie sich Ihr Vorwissen anhand der beiden Karikaturen verdeutlichen:
Notieren Sie, auf welches Problem die beiden Karikaturen aufmerksam machen wollen.

_____

_____

_____

2. Notieren Sie Begriffe, die die Bezeichnung „Negerkuss" für eine Süßigkeit ersetzen können.

_____

_____

3. Lesen Sie den folgenden Bericht, der am 4.1.2013 auf dem Online-Portal des Nachrichtensenders n-tv erschien, und markieren Sie beim ersten Lesen solche Ausdrücke, die Sie nicht verstanden haben. Schlagen Sie diese Ausdrücke nach.

Kinderbücher werden angepasst

„Zigeuner", „Neger", „Negerlein": In vielen alten Büchern werden diese Begriffe bis heute benutzt. Doch allmählich reagieren die ersten Verlage auf den Unmut der Leser. Klassiker wie „Die kleine Hexe" müssen bald ohne die umstrittenen Worte auskommen.

Otfried Preußlers Kinderbuch-Klassiker wie „Die kleine Hexe" werden künftig ohne diskriminierende Begriffe wie „Negerlein" und „Neger" erscheinen. „Wir werden alle unsere Klassiker durchforsten", kündigte Verleger Klaus Willberg vom Stuttgarter Thienemann Verlag in der „taz" an. Die umstrittenen Worte würden dabei nicht ersetzt, sondern ganz gestrichen. Es sei notwendig, Bücher an

den sprachlichen und politischen Wandel anzupassen, begründet Willberg den Schritt. „Nur so bleiben sie zeitlos." Nach seiner Aussage werde der Verlag alle Klassiker entsprechend „durchforsten".

Der Thienemann Verlag folgt damit dem Verlag Friedrich Oetinger aus Hamburg, der veraltete Worte wie „Neger" und „Zigeuner" bereits vor vier Jahren aus seinen aktuellen Übersetzungen von „Pippi Langstrumpf" und anderen Büchern von Astrid Lindgren gestrichen hat. Bundesfamilienministerin Kristina Schröder hatte zuletzt für Aufsehen gesorgt, als sie bekannte, diskriminierende Begriffe auszulassen, wenn sie ihrer Tochter aus Kinderbuchklassikern wie „Jim Knopf" oder „Pippi Langstrumpf" vorlese.

Der 89-jährige Otfried Preußler[1] schrieb mit seiner „Räuber Hotzenplotz"-Trilogie und „Krabat" Klassiker der deutschen Kinderbuch-Literatur. Er hatte sich laut Bericht lange gegen jede Änderung seines Klassikers „Die kleine Hexe" gestemmt, der 1958 mit dem Deutschen Jugendbuchpreis ausgezeichnet und seitdem in 47 Sprachen übersetzt wurde. „Mit der Zeit ist aber die Einsicht gewachsen, dass die Authentizität des Werks der sprachlichen Weiterentwicklung untergeordnet werden muss", sagte Willberg.

(n-tv-de, 4. 1. 2013)

[1] Otfried Preußler starb am 18.2.2013.

4. Lesen Sie den Text ein zweites Mal und unterstreichen Sie wichtige Informationen, die darin enthalten sind und auf die Sie bei einer Zusammenfassung des Sachtextes zurückgreifen können.

5. Mit welcher der folgenden Formulierungen wird das Thema des Berichts Ihrer Meinung nach besonders treffend zusammengefasst? Kreuzen Sie die passende Formulierung an.

Der Sachtext informiert über

☐ diskriminierende Formulierungen in Kinder- und Jugendbüchern.

☐ die Absicht verschiedener Kinder- und Jugendbuchverlage, in dort erscheinenden Büchern als rassistisch empfundene Wörter auszutauschen bzw. zu streichen.

☐ Otfried Preußlers Weigerung, seine Kinder- und Jugendbücher aufgrund angeblicher rassistischer Formulierungen zu ändern.

☐ die öffentliche Diskussion, wonach Kinder- und Jugendbücher möglicherweise umgeschrieben werden sollten, weil sie rassistische Formulierungen enthalten würden und auf diesem Weg junge Menschen in ihrem Denken beeinflusst werden könnten.

6. Ergänzen Sie den folgenden Einleitungsteil zu einer inhaltlichen Zusammenfassung des Berichts.

In dem Bericht mit der Schlagzeile _____ ,

der am _____ auf dem Online-Portal des Nachrichtensenders n-tv erschien,

wird über die Absicht verschiedener Kinder- und Jugendbuchverlage informiert, _____

_____ .

7. Der Bericht besteht aus vier Abschnitten. Fassen Sie den Inhalt der einzelnen Abschnitte stichwortartig oder in Form einer informativen Überschrift zusammen.

Abschnitt 1 (fett gedruckt):

Die Absicht verschiedener Verlage, umstrittene Wörter wie „Zigeuner" oder „Neger" nicht mehr zu verwenden

Abschnitt 2:

_____

_____

Abschnitt 3:

_____

_____

Abschnitt 4:

_____

_____

8. Fassen Sie nun den Inhalt des Sachtextes möglichst kurz und informativ zusammen. Versuchen Sie dabei, mit den Leerzeilen (S. 7) auszukommen. Den ersten, fett gedruckten Teil, in dem das Thema genannt wird, haben Sie bereits in der Einleitung (s. Aufgabe 6) zusammengefasst. Folgende Formulierungen helfen Ihnen dabei, die übrigen Abschnitte zusammenzufassen:

- Zunächst erfährt der Leser bzw. die Leserin ...
- Im weiteren Verlauf wird darauf verwiesen ...
- In diesem Teil wird Bezug genommen auf ...
- In diesem Abschnitt geht es um ...
- Zitiert wird auch die Meinung ...
- Hier erfährt der Leser bzw. die Leserin ...
- Abschließend wird darüber informiert ...
- ...

9. Lesen Sie nun den folgenden umfangreichen Sachtext und überlegen Sie, welches Thema bzw. welcher Problembereich angesprochen wird. Markieren Sie wiederum mit Bleistift Begriffe, die Ihnen unbekannt sind, und schlagen Sie diese nach. Versehen Sie Aussagen, die Sie auf Anhieb nicht verstanden haben, mit einem Fragezeichen am Rand und erschließen Sie sich diese in einem zweiten sorgfältigen Lesedurchgang. Sie können auch Aussagen, die Ihnen besonders bedeutsam erscheinen, mit einem Ausrufezeichen am Rand versehen und wichtige Informationen unterstreichen. Ratsam ist es, beim ersten Lesedurchgang nicht zu viel zu markieren, da der Text ansonsten optisch zu unübersichtlich wird.

Iris Forster
Political Correctness/Politische Korrektheit

[...] In einem alten englischen Kindervers heißt es tröstend: „Sticks and stones may hurt my bones, but words can never harm me."[1] Die Verfechter einer „politisch korrekten" Sprache würden sich einer solchen Auffassung nicht anschließen. Sie argumentieren, „Worte" – also die Sprache – könnten in bestimmten Situationen ein weitaus wirkungsmächtigeres Instrument als physische Gewalt sein. [...]

[1] „Stöcke und Steine können meine Knochen verletzen, aber Worte können mir niemals wehtun."

In der Annahme einer engen Verbindung von Sprache, Denken und damit Handeln entstanden so Sprachreglementierungen, die zum einen den Gebrauch bestimmter Ausdrücke ächten, zum anderen (da die Dinge ja nun einmal benannt werden müssen), eine neue, „feinfühligere" Terminologie vorschlagen oder vorschreiben. Über den Sprachwandel soll ein

10 Bewusstseinswandel und idealerweise auch eine kulturelle Veränderung weg von der kritisierten Diskriminierung erreicht werden. Das ursprünglich aus dem angelsächsischen Raum stammende, inzwischen aber allgemein verwendete politische Schlagwort *Political Correctness* (als Kurzwort *PC*) ist auch gebräuchlich als Adjektiv *politically correct* und wird für die deutsche Sprache auch mit *Politische Korrektheit* bzw. *politisch korrekt* übersetzt. [...]

15 Für das Deutsche beispielsweise kritisieren PC-Befürworter die Verwendung des generischen Maskulinums – der männlichen Form also, wenn Personen beiderlei Geschlechts gemeint sind. Diese Kritik stammt aus der feministischen Sprachwissenschaft. Als Alternativen, um Frauen auch sprachlich sichtbar zu machen, so das Argument, werden die Nennung der weiblichen und männlichen Form (*Ärztinnen und Ärzte*), die

20 Binnen-I-Schreibung (*LehrerInnen*) oder neutrale Formulierungen (*Arbeitnehmende*) angeregt. Bestimmte Volksgruppen werden in den Massenmedien – durchaus abweichend vom tradierten Sprachgebrauch – mit ihren Eigenbezeichnungen benannt: *Inuit* statt *Eskimos*, *Sinti und Roma* statt *Zigeuner*. *Ausländer* werden zu *Menschen mit Migra-*

25 *tionshintergrund* oder *mit Zuwanderungsgeschichte*. Zum guten Ton gehört es, die *Putzfrau* als *Raumpflegerin*, den *Toilettenmann* als *facility manager* zu bezeichnen. Berufe mit schlechtem sozialen Prestige werden so zumindest sprachlich aufgewertet. Prinzipiell werden negativ konnotierte Spracheinheiten durch solche er-

30 setzt, die beanstandete Teilaspekte ausblenden, positive Gesichtspunkte betonen oder aber, etwa als eher noch unbekanntes Fremdwort, bislang keinen Nebensinn hervorrufen.

Die Überlegungen in der öffentlichen Diskussion konzentrierten sich sehr bald auf die Frage, wie sinnvoll derartige Sprachregelungen sind. Im Zuge einer gehäuft kritischen Be-

35 richterstattung wandelte sich die ursprünglich [...] positive Eigenbeschreibung „politisch korrekt" seit Beginn der 1990er zu einem abwertend gebrauchten Kampfbegriff der politischen Gegner. PC wird vermehrt mit lächerlicher Euphemisierung und dogmatischer, intoleranter Politik assoziiert. [...] Daneben existieren Stimmen, die die hinter einer solchen Sprachpolitik stehende Motivation zwar anerkennen, die erwünschte Wirkung jedoch be-

40 streiten: Ein Hauptargument ist, dass mit der Schöpfung neuer Begriffe keine Veränderung der sozialen Wirklichkeit einhergehe und die tatsächlichen Ursachen von Rassismus, Sexismus sowie anderer Diskriminierung durch Sprachpolitik nicht überwunden werden könnten. Im Gegenteil könne es unter dem Deckmantel mildernder Benennungen sogar zu einer Verharmlosung gesellschaftlicher Missstände, sozialer Ungerechtigkeiten und

45 Vorurteile kommen.

Unbestritten ist, dass sich die neuen, „politisch korrekten" Ersatzausdrücke abnutzen können, wenn sich die negative Konnotation nach einer Weile auch auf die Neubildung überträgt. Dies kann zu einer fortwährenden Neuschöpfung führen: Ein US-amerikanisches Beispiel ist hier die Kette *Negros – black people – coloured people – African-Americans* für Menschen

50 mit einer dunklen Hautfarbe (ähnlich für den deutschen Sprachraum *Neger – Schwarze – Farbige – Afro-Amerikaner*). Aus sprachwissenschaftlicher Sicht geschieht dabei Folgendes: *Negros/Neger*, das sich vom lateinischen Wort *niger = schwarz* herleitet, wird (wohl wegen seines Anklangs an das Schimpfwort *Nigger*) ersetzt durch die direkte Übersetzung ins Englische bzw. Deutsche und ist am Anfang tatsächlich ganz neutral beschreibend (deskriptiv).

55 Bei *coloured people/Farbige* steht zwar noch das Merkmal „Hautfarbe" im Vordergrund, die Formulierung ist jedoch viel weiter und schließt damit zumindest theoretisch auch Menschen anderer Hautfarbe ein. *African-Americans/Afro-Amerikaner* geht ganz weg von der Hautfarbe und bestimmt die benannte Gruppe über die Herkunft.

Ein deutsches Beispiel für „Euphemismenketten" sind die *schwer erziehbaren Kinder*, die in

60 offiziellen Kontexten zu *verhaltensgestörten Kindern*, dann *verhaltensauffälligen Kindern* und schließlich *verhaltensoriginellen Kindern* werden. Das Verhalten der Kinder erscheint zu-

nächst als eindeutig negativ klassifiziert, dann ist es nur noch „auffällig" (hier bleibt unge-
sagt, in welche Richtung), und schließlich bietet „verhaltensoriginell" sogar positive Konnotationen. [...]

65 Unsicherheiten gibt es vor allem bei einer Kommunikation mit und über bestimmte diskri-
minierte Personengruppen. Die Benennung *Neger* verbietet sich mittlerweile in der deutschen Sprache (vgl. dazu etwa den entsprechenden Eintrag im „Großen Wörterbuch der
deutschen Sprache" des Duden-Verlags). Doch gilt dies für alle Kommunikationszusam-
menhänge? Wie ist es mit der Süßigkeit *Negerkuss*, die heutzutage in *Schaum-* oder *Schoko-*
70 *kuss* umgewandelt wurde? Und ist es nötig, Buchtitel zu ändern, etwa Agatha Christies Kri-
minalroman „Zehn kleine Negerlein" (er basiert auf einem gleichlautenden Zählreim für
Kinder) in „Und dann gabs keines mehr" (seit 2003; parallel dazu im Englischen „Ten Little
Niggers"/„And Then There Were None")? Wie geht man damit um, dass Astrid Lindgren in
ihren Kinderbüchern Pippi Langstrumpf als „Negerprinzessin" bezeichnet (und in ihrer Zeit
75 damit sicherlich keine negativen Konnotationen verband)? Ein weiteres Beispiel ist der Er-
satz des Ausdruckes *Zigeuner* durch *Sinti und Roma*. Eine Kritik an dieser Benennung be-
mängelt, dass andere Gruppen als Sinti und Roma, die aber mitgemeint sind, nun sprachlich
verdeckt werden. Auf den Speisekarten der Restaurants indes bleibt das „Zigeunerschnitzel"
erhalten, ebenso der „Zigeuner" in Texten der Volksmusik. Ein Kriterium für oder gegen
80 bestimmte Vorschläge könnte die Frage sein, wie die entsprechenden Gruppen selbst benannt werden möchten. Und manchmal werden ursprünglich negative Bezeichnungen oder
sogar Schimpfwörter zu positiven Selbstbenennungen umgewandelt: Dies geschah etwa bei
den Homosexuellen (*Schwule* und *Lesben*) oder Prostituierten (*Huren*). [...]
Festzustellen bleibt: „Politisch korrekte" Sprache ist ein schwieriges Feld, es gibt viele Unsi-
85 cherheiten und Fallstricke. Der Grat zwischen verantwortungsvollem Sprachgebrauch und
unsinnigen, intoleranten Formulierungen ist schmal; gefragt ist hier die eigene Sprachkom-
petenz: Prinzipiell sollten wir unsere Sprachverwendung überprüfen und dort, wo wir mit
Sprache Menschen verletzen können – denn, um den Kinderreim vom Anfang dieses Textes
aufzugreifen: „Words" vermögen dies wohl tatsächlich –, alternative Formen wählen. Dies ist
90 aber immer vom Kommunikationszusammenhang abhängig, sodass ein generelles Verbot
bestimmter Spracheinheiten und ein genereller, unbedingter und vorgeschriebener Gebrauch vieler Alternativen durch die oben aufgeführten Kritikpunkte ins Leere läuft.

(2010)

10. Kreuzen Sie an, welche Formulierung bzw. welche Formulierungen Ihrer Ansicht nach das
Thema/den Problembereich des Textes am treffendsten kennzeichnen.

☐ In dem Text geht es darum, dass der Begriff „Negerkuss" politisch nicht korrekt ist.

☐ In dem Text geht es darum, dass man mit bestimmten Begriffen bestimmte Menschen oder Menschengruppen beleidigen kann.

☐ In dem Text geht es darum, dass Begriffe wie „Putzfrau" oder „Neger" heute politisch
als unangemessen gelten und deshalb unbedingt ersetzt werden müssen.

☐ In dem Text geht es darum, dass mit Sprache Menschen verletzt werden können und
wie eine solche Verletzung vermieden werden kann.

11. Klären Sie durch Ihr Vorwissen, durch den Kontext oder mithilfe eines Lexikons folgende
Begriffe:

„Sprachreglementierungen" (Z. 7): _____

„Diskriminierung" (Z. 11): _____

„Euphemisierung" (Z. 37): _____

„Sexismus" (Z. 42): _____

„Konnotation" (Z. 47): _____

12. Lesen Sie nun den Text ein zweites Mal. Eine sinnvolle Methode, sich den Inhalt eines Sachtextes genauer vor Augen zu führen, besteht darin, Fragen zu formulieren, auf die der Text eine Antwort gibt.
Notieren Sie zu folgenden Textfragen die entsprechende Antwort (mit Zeilenangaben).

- Welche Beispiele aus dem Deutschen nennt der Text, bei denen Sprachänderungen vorgeschlagen wurden, um Diskriminierungen zu vermeiden?

  Antwort: _____

  _____

- Wobei gibt es laut der Verfasserin die meisten Unsicherheiten der korrekten Sprachbezeichnung?

  Antwort: _____

- Was versteht die Verfasserin unter Euphemismusketten?

  Antwort: _____

  _____

 13. Formulieren Sie drei weitere Fragen, auf die der Text eine Antwort gibt.

14. Finden Sie für jeden Textabschnitt eine Überschrift, die den zentralen Inhalt des Abschnittes zusammenfasst. Für drei Abschnitte sind in der Tabelle bereits Überschriften eingetragen. Markieren Sie in jedem Abschnitt zentrale Aussagen.

Abschnitt	Überschrift
1 (Z. 1–14)	
2 (Z. 15–32)	
3 (Z. 33–45)	Zwei Einwände, die bestreiten, dass Sprachregelungen Diskriminierungen eindämmen können
4 (Z. 46–64)	Beispiele für Abnutzungserscheinungen der neuen „politisch korrekten" Ersatzausdrücke (Euphemismusketten)
5 (Z. 65–83)	
6 (Z. 84–92)	Appell: Überprüfung der eigenen Sprachverwendung und Beachtung des Kommunikationszusammenhangs

15. Im Folgenden finden Sie ein Beispiel für eine Einleitung.

In dem Text von Iris Forster geht es darum, dass man Begriffe wie „Negerkuss" nicht weiter benutzen sollte, weil sie diskriminierend sind.

Kreuzen Sie an, welche Aussagen für die Einleitung zutreffen:

- ☐ Die Einleitung ist vollständig.
- ☐ Die Einleitung ist unvollständig.
- ☐ In der Einleitung wird das Thema des Sachtextes genau erfasst.
- ☐ In der Einleitung wird das Thema nicht präzise erfasst.

16. Formulieren Sie die Einleitung neu.

_____

_____

_____

17. In der folgenden Zusammenfassung des ersten Abschnitts (Z. 1–14) fehlen einige Verben. Setzen Sie diese fehlenden Verben ein (siehe Wortspeicher). Achten Sie darauf, an den entsprechenden Stellen die indirekte Rede einzusetzen.

In dem ersten Abschnitt, der die Zeilen 1–14 _____ ,

_____ die Verfasserin als zentrale Themenstellung des Sach-

textes das Bemühen einiger Sprachkritiker, in der deutschen Sprache Begriffe, die be-

stimmte Menschengruppen _____ könnten, durch „politisch kor-

rekte" Begriffe zu _____ . Sie _____ sich ₅

von der Ersetzung eine Bewusstseinsänderung der Sprachbenutzer, da „Sprache, Denken

und damit Handeln" (Z. 6) eng verbunden seien.

> diskriminieren • umfassen • ersetzen • benennen • versprechen

18. Fassen Sie abschließend den Inhalt des Sachtextes zusammen.

Auf der Grundlage von mehreren Sachtexten einen informierenden Text verfassen

Stellen Sie sich vor, Sie hätten sich zum Ziel gesetzt, dass Ihre Schule an dem bundesweiten Projekt „Schule ohne Rassismus – Schule mit Courage" teilnimmt. Sie wollen dazu zunächst einen Flyer verfassen, mit dem Sie Ihre Mitschülerinnen und -schüler über das Projekt informieren. Ihre Aufgabe soll es im Folgenden sein, einen Informationstext, der in diesem Flyer erscheinen könnte, zu planen.

1. Sichten Sie die folgenden Materialien und geben Sie jedem Material eine aussagekräftige Überschrift.

Material 1: _____

1) Was ist Schule ohne Rassismus – Schule mit Courage?
Wir sind ein Projekt von und für SchülerInnen. Es bietet Kindern und Jugendlichen die Möglichkeit, das Klima an ihrer Schule aktiv mitzugestalten, indem sie sich bewusst gegen jede Form von Diskriminierung, Mobbing und Gewalt wenden. Wir sind das größte Schulnetzwerk in Deutschland. Ihm gehören über 1270 Schulen an, die von ₅ rund einer Million SchülerInnen besucht werden (Stand: Juli 2013).

2) Wie wird man eine Schule ohne Rassismus – Schule mit Courage?
Jede Schule kann den Titel erwerben, wenn sie folgende Voraussetzungen erfüllt: Mindestens 70 Prozent aller Menschen, die in einer Schule lernen und lehren (SchülerInnen, LehrerInnen und technisches Personal) verpflichten sich mit ihrer Unterschrift, ₁₀ sich künftig gegen jede Form von Diskriminierung an ihrer Schule aktiv einzusetzen, bei Konflikten einzugreifen und regelmäßig Projekttage zum Thema durchzuführen. Auf unserer Seite „Start Infos" findet Ihr mehr Informationen zu dieser Frage.

3) Zu was verpflichtet sich eine Schule?
Wer sich zu den Zielen einer Schule ohne Rassismus – Schule mit Courage bekennt, ₁₅ unterschreibt folgende Selbstverpflichtung:

1. Ich werde mich dafür einsetzen, dass es zu einer zentralen Aufgabe einer Schule wird, nachhaltige und langfristige Projekte, Aktivitäten und Initiativen zu entwickeln, um Diskriminierungen, insbesondere Rassismus, zu überwinden.
2. Wenn an meiner Schule Gewalt, diskriminierende Äußerungen oder Handlungen 20 ausgeübt werden, wende ich mich dagegen und setze mich dafür ein, dass wir in einer offenen Auseinandersetzung mit diesem Problem gemeinsam Wege finden, zukünftig einander zu achten.
3. Ich setze mich dafür ein, dass an meiner Schule ein Mal pro Jahr ein Projekt zum Thema Diskriminierungen durchgeführt wird, um langfristig gegen jegliche Form 25 von Diskriminierung, insbesondere Rassismus, vorzugehen.

4) Was bedeutet der Titel genau?
Der Titel ist kein Preis und keine Auszeichnung für bereits geleistete Arbeit, sondern ist eine Selbstverpflichtung für die Gegenwart und die Zukunft. Eine Schule, die den Titel trägt, ist Teil eines Netzwerkes, das sagt: Wir übernehmen Verantwortung für das 30 Klima an unserer Schule und unser Umfeld.

5) Kümmert Ihr Euch nur um Rassismus?
Nein. Wir beschäftigen uns gleichermaßen mit Diskriminierung aufgrund der Religion, der sozialen Herkunft, des Geschlechts, körperlicher Merkmale, der politischen Weltanschauung und der sexuellen Orientierung. Darüber hinaus wenden wir uns ge- 35 gen alle totalitären und demokratiegefährdenden Ideologien.
[...]

6) Wo krieg ich mehr Informationen über das Projekt?
Auf unserer Homepage (www.schule-ohne-rassismus.org) findet Ihr eine Fülle von Informationen zu unserer Arbeit und den Aktivitäten der Schulen. Für Eure Fragen ste- 40 hen Euch die MitarbeiterInnen der Bundeskoordination zur Verfügung. Oder die Landeskoordinationen in Eurer Nähe. Die Adressen findet Ihr hier auf der Seite unter dem Menüpunkt „Landeskoordinationen".

Material 2:

Rassismus beschreibt einen Prozess, bei dem Menschen aufgrund tatsächlicher oder vermeintlicher Merkmale (z. B. Hautfarbe, Herkunft, Religion) als homogene Gruppen konstruiert, negativ bewertet und ausgegrenzt werden. In der Regel wird zwischen zwei Formen von Rassismus unterschieden:
1) Der „klassische" Rassismus behauptet eine Ungleichheit und Ungleichwertigkeit von 5 Menschen aufgrund oben genannter Merkmale.
2) Der sogenannte Neorassismus oder Kulturrassismus dagegen argumentiert mit kulturellen Zuschreibungen wie etwa „die Muslime" oder „die Roma", die mit ihren Werten und Traditionen nicht „zu uns passen".
[...]   10

Es gibt bis heute keine umfassende Untersuchung zum Verbreitungsgrad von Rassismus in Deutschland. Allerdings weisen zahlreiche Umfragen und Untersuchungen auf rassistische Einstellungen in einzelnen Bereichen hin.
- Das Institut für interdisziplinäre Konflikt- und Gewaltforschung an der Universität Bielefeld hat zwischen 2002 und 2011 jährlich die „Deutschen Zustände" herausgege- 15 ben und darin die sogenannte „gruppenbezogene Menschenfeindlichkeit" in der Bevölkerung analysiert. Die Ergebnisse von 2011 zeigen: 37 Prozent der Deutschen stimmen der Aussage zu, es gebe „zu viele kulturelle Unterschiede" in Deutschland. Dass Deutschland „überfremdet" sei, fand sogar jeder zweite Deutsche.
- In der Studie „Die Mitte im Umbruch" von 2012 halten die Sozialforscher fest: „Wäh- 20 rend in Westdeutschland 2012 jeder fünfte Bürger eine ausländerfeindliche Einstellung hat, denken in Ostdeutschland fast 39 Prozent manifest ausländerfeindlich."

Material 3: _____

Flashmob im Einkaufszentrum

Im Rahmen eines Geschichts- und Sozialkundeprojekts haben sich die Schülerinnen und Schüler der Klasse 10a des Wolfram-von-Eschenbach-Gymnasiums eine besondere Aktion ausgedacht. In dem Huma-Einkaufszentrum veranstalteten sie einen Flashmob und
5 überraschten damit eine Menge Passanten. Mit ihrer Performance wollten die 30 Mädchen und Jungen ein Zeichen gegen Rassismus setzen und wählten dafür Tanzen als Ausdrucksform.

Die Entscheidung dazu fiel ihnen nicht gerade leicht. Bei der Überlegung, wie sie das Thema Rassismus angehen könnten, dachten sie auch an eine Theateraufführung oder an
10 klassische Interviews – schließlich entschieden sie sich doch für eine nonverbale Methode, denn Tanzen kommt ganz ohne Sprache aus und verbindet dennoch Menschen.

In die Choreografie und Umsetzung der Aktion hatten die Schülerinnen und Schüler sehr viel Zeit, Mühe und Herzblut gesteckt – und das hat sich gelohnt. Mit ihrem Engagement begeisterten sie nicht nur die Projektbetreuenden, sondern auch viele Passanten. Auch
15 das Lied war nicht zufällig gewählt: „Black or white" von Michael Jackson passte perfekt zu ihrer Botschaft.

Web-Wächter

Die Kurt-Tucholsky-Gesamtschule in Minden bildet SchülerInnen zu Web-Wächtern aus, die sich zunächst selbst und später ihre Mitschüler über Gefahren im Umgang mit den
20 neuen Medien informieren. Ein Schwerpunkt liegt darauf, rechtsradikale Netzaktivitäten als solche zu erkennen und nach Möglichkeit zu helfen, diese einzuschränken.

2. Bestimmen Sie die übergeordneten Themen bzw. Informationsbereiche, die in den Materialien angesprochen werden.
Vervollständigen Sie zur besseren Übersicht über die Informationsbereiche die Mindmap.

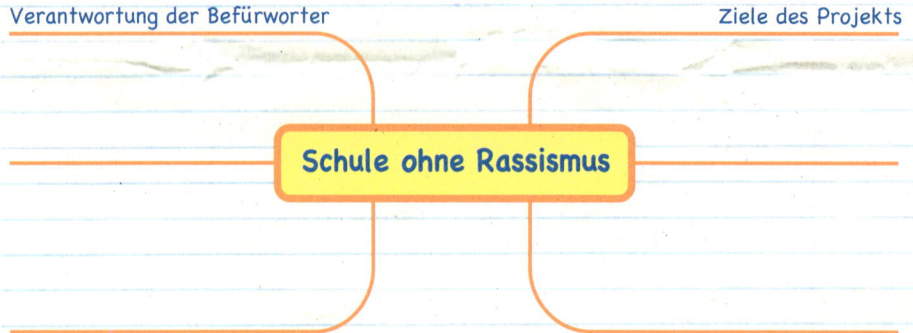

3. Legen Sie eine Reihenfolge fest, in der Sie die einzelnen Sachaspekte bzw. Informationsbereiche ausformulieren wollen. Setzen Sie dazu die hier angefangene Gliederung fort:

1   Einleitung
2   Hauptteil/Thema: Was bedeutet „Schule ohne Rassismus – Schule mit Courage"?
2.1 Was ist Rassismus?
2.2 Ziele des Projekts „Schule ohne Rassismus – Schule mit Courage"
...

4. Vergleichen Sie die beiden folgenden Vorschläge für eine Einleitung und begründen Sie, welcher Ihnen geeigneter erscheint.

a) „Schule ohne Rassismus – Schule mit Courage". Was ist das eigentlich? Im Folgenden werde ich euch darüber informieren.

b) Laut einer Studie hat jeder fünfte Bürger in Westdeutschland eine ausländerfeindliche Einstellung, in den neuen deutschen Bundesländern sind es sogar 39% der Bürger. Auch an unserer Schule habe ich festgestellt, dass es immer wieder zu ausländerfeindlichen Äußerungen kommt. Ich möchte euch deshalb hier das Projekt „Schule ohne Rassismus – Schule mit Courage" vorstellen, das meiner Meinung nach dazu geeignet 5 ist, dieser feindlichen Einstellung gegen unsere ausländischen Mitbürger entgegenzuwirken.

Einleitung ▢ ist besser. Begründung:

_____

_____

5. Ergänzen Sie den folgenden Text, der den Sachaspekt/Informationsbereich „Beispiele für Aktivitäten" ausführt.

Um zu verdeutlichen, was die Schülerinnen und Schüler einer „Schule ohne Rassismus – Schule mit Courage" konkret tun können, werden hier zwei Beispiele vorgestellt, die exemplarisch für eine Reihe weiterer Aktionsmöglichkeiten stehen.

1. Die Schülerinnen und Schüler eines Gymnasiums haben einen Flashmob ...

_____

_____

_____

2. An einer Gesamtschule in Minden werden Schülerinnen und Schüler ...

_____

_____

_____

6. Vergleichen Sie die beiden folgenden Vorschläge für den Schlussteil und begründen Sie, welcher Ihnen geeigneter erscheint.

a) Ich hoffe, ich habe euer Interesse an dem Projekt geweckt, und werde in der nächsten Schülerratssitzung den Antrag stellen, dass unsere Schule sich an dem Projekt beteiligt.

b) Ich hoffe, ich habe mit meinen Ausführungen euer Interesse an dem Projekt „Schule ohne Rassismus – Schule mit Courage" wecken können. Weitere Informationen dazu erhaltet ihr auf der Homepage des Projekts (www.schule-ohne-rassismus.org). Sprecht doch einmal miteinander, ob es nicht sinnvoll sein könnte, dass unsere Schule sich an diesem Projekt beteiligt, damit Rassismus an unserer Schule keine Chance hat. Wir 5 können dann auf der nächsten Schülerratssitzung überlegen, ob unsere Schule sich an dem Projekt beteiligen soll.

Schluss ▢ ist besser. Begründung:

_____

_____

Einen argumentativen Sachtext analysieren

Information

Bei der **Analyse eines argumentativen Sachtextes** geht es darum, den Leser sowohl über den **Inhalt** des Textes als auch über **die Art und Weise** zu informieren, wie der Verfasser seinen Standpunkt argumentativ und sprachlich zu stützen versucht. Neben der inhaltlichen Zusammenfassung (vgl. das vorangegangene Kapitel „Einen Sachtext verstehen und seinen Inhalt zusammenfassen", S. 4 ff.) gewinnt also die **Formanalyse** an Bedeutung. Neben das „Was" (Was sagt der Text aus?) eines Textes tritt das **„Wie"** (Wie ist der Text gemacht?).

Bei der Analyse können Sie sich an folgenden Hinweisen orientieren:

Einleitung	In der **Einleitung** nennt man **den Verfasser/die Verfasserin**, den **Titel**, die **Textart** (Kommentar, Leserbrief ...), das **Thema** bzw. den **Anlass** für das Verfassen des Textes sowie – falls bekannt – **Erscheinungsort** und **-jahr** des Textes.
Hauptteil	Der **Hauptteil** bildet den Kern einer Sachtextanalyse. Ausgehend von einer **Gliederung** des Textes in Sinnabschnitte werden die **Informationen der einzelnen Textabschnitte** knapp mit eigenen Worten zusammengefasst. In einem zweiten Schritt geht es in der Detailanalyse darum, den Aufbau des Textes, also den **Bezug der einzelnen Abschnitte zueinander** zu untersuchen. Dabei können z. B. die Reihenfolge der vom Autor gewählten Argumente, der gewählte Argumentationstyp, die Argumentationsstruktur, der Wortschatz, Satzbau oder Stil des Textes eine wichtige Rolle spielen. Man untersucht auch die Funktion der Argumente hinsichtlich der Intention (Absicht/Ziel) des Autors. Folgende **Formulierungen** können Ihnen bei der Darstellung des Argumentationsgangs des Textes hilfreich sein: Der Verfasser/die Verfasserin ● informiert den Leser darüber, dass ... ● vertritt die These/stellt die Behauptung auf, dass ... ● führt ein Autoritätsargument an ... ● verdeutlicht seine These, indem ... ● gibt ein Beispiel, um ... zu ... ● beruft sich auf ...., um sein Argument zu stützen ... ● führt verschiedene Fakten an, um zu verdeutlichen ... ● appelliert an ... ● gesteht zu, dass ..., gibt aber zu bedenken, dass ... ● widerspricht der Ansicht ... ● fasst abschließend zusammen, dass ...
Schluss	Im **Schlussteil** wird die vom Verfasser des Sachtextes vertretene **Position** zu dem Thema **zusammenfassend dargestellt**, z. B. durch Hinweis auf sein stärkstes Argument. Weiterhin soll der untersuchte Sachtext mit Bezug auf die Analyse im Hauptteil hinsichtlich seiner **Überzeugungskraft** und der **Intention** des Autors **bewertet** werden. Neben der Einschätzung der Vorgehensweise des Autors kann im Schlussteil auch noch eine **persönliche, begründete Meinung** formuliert werden. Dieses Fazit kann zustimmend, ablehnend oder ausgewogen ausfallen.

Ulrich Greiner (geb. 1945)
Die kleine Hexenjagd

Artikel 5 des Grundgesetzes behauptet: „Eine Zensur findet nicht statt." Was aber, wenn sie doch stattfindet? In der menschenfreundlichen Absicht, auf die Gefühle von Minderheiten Rücksicht zu nehmen? Bekannte deutsche Verlage haben angekündigt, ihre Kinderbuch-Klassiker zu überarbeiten und Formulierungen, die als verletzend empfunden werden könn-
5 ten, durch neutrale zu ersetzen. Klaus Willberg vom Thienemann Verlag, der die Bücher von Michael Ende und Otfried Preußler verlegt, beabsichtigt, „veraltete und politisch nicht mehr korrekte Begrifflichkeiten" zu entfernen: Wie anders als Zensur oder Fälschung soll man das nennen?

In Preußlers Buch *Die kleine Hexe* verkleiden sich Kinder als Neger, Chinesenmädchen und
10 Türken. Diese Begriffe sollen nach Willbergs Willen verschwinden: „Die Kinder werden sich als etwas anderes verkleiden." Ihre Auswahl schrumpft: Als Indianer, Zigeuner oder Eskimo können sie auch nicht gehen, das wäre diskriminierend, ein Dornröschen wäre sexistisch, ein Scheich islamfeindlich. Und Hexe geht ja schon lange nicht mehr. Vielleicht Pirat? Pippis Herzenswunsch ist, Seeräuber zu werden. Einstweilen ist die Heldin von Astrid Lindgrens
15 legendärer Trilogie *Pippi Langstrumpf* lediglich „Negerprinzessin". Das heißt, sie war es. Der Oetinger-Verlag hat schon vor Jahren alle „Neger" entfernt. Heute ist Pippi „Südseeprinzessin". Damals, Mitte der Vierzigerjahre, als der erste Band in Schweden erschien, sei der Begriff noch nicht verletzend gewesen, sagt der Verlag, heutzutage könne man ihn so nicht stehen lassen. Ein Furor politischer Korrektheit verbreitet sich im Land. Die Ministerin Kris-
20 tina Schröder, im Interview mit der *ZEIT* gefragt, wie sie mit dem „kleinen Neger" umgehen würde, der gleich zu Beginn in Michael Endes Roman *Jim Knopf und Lukas der Lokomotivführer* auftaucht, antwortet, sie würde daraus beim Vorlesen „ein Baby mit schwarzer Hautfarbe" machen.

Schauen wir uns die Szene an. Auf der Insel Lummerland, die unter der Regentschaft von
25 König Alfons dem Viertel-vor-Zwölften von Frau Waas, Herrn Ärmel und Lukas dem Lokomotivführer bewohnt wird, kommt eines Tages ein Paket an. Man öffnet es: „,Ein Baby!', riefen alle überrascht, ,ein schwarzes Baby!' – ,Das dürfte vermutlich ein kleiner Neger sein', bemerkte Herr Ärmel und machte ein sehr gescheites Gesicht." Frau Schröder würde übersetzen: „,Ein Baby!', riefen alle überrascht, ,ein schwarzes Baby!' – ,Das dürfte vermutlich ein
30 Baby mit schwarzer Hautfarbe sein', bemerkte Herr Ärmel und machte ein sehr gescheites Gesicht." Herr Ärmel ist ein Mann von großer Güte und kleinem Verstand, aber so blöde dann doch nicht. Und der Witz der Szene verschwindet. [...]

Der Antisemitismus- und Rassismusforscher Wolfgang Benz hat vor einiger Zeit entdeckt, Astrid Lindgrens Buch sei „mit Ressentiments befrachtet" und von „Kolonialrassismus" ge-
35 zeichnet. Beweis dessen: Pippi behaupte, alle Menschen im Kongo lögen. Ja, sie sagt das, und es kommt so: Pippi geht eines Tages auf der Straße rückwärts. Von den Nachbarskindern Thomas und Annika darauf angesprochen, antwortet sie: „Leben wir etwa nicht in einem freien Land? Darf man nicht gehen, wie man möchte?" In Ägypten zum Beispiel, wo sie schon einmal gewesen sei, gingen alle Menschen so, und in Hinterindien liefen sie auf den
40 Händen. „,Jetzt lügst du', sagte Thomas. Pippi überlegte einen Augenblick. ,Ja, du hast recht, ich lüge', sagte sie traurig. ,Lügen ist hässlich', sagte Annika. ,Ja, Lügen ist *sehr* hässlich', sagte Pippi noch trauriger. ,Aber ich vergesse es hin und wieder, weißt du. Und übrigens', fuhr sie fort, und sie strahlte über ihr ganzes sommersprossiges Gesicht, ,will ich euch sagen, dass es im Kongo keinen einzigen Menschen gibt, der die Wahrheit sagt. Sie lügen den
45 ganzen Tag. Sie fangen früh um sieben an und hören nicht eher auf, als bis die Sonne untergegangen ist.'"

Selbstverständlich ist es die Aufgabe eines Rassismusforschers, Rassismus ausfindig zu machen, aber er sollte sein Augenmerk vielleicht lieber auf die Realität richten als auf die Fiktion. *Pippi Langstrumpf* ist nämlich nicht nur ein Kinderbuch, sondern auch ein literarisches
50 Meisterwerk. Es spielt virtuos mit verschiedenen Ebenen von Wahrheit und Wirklichkeit. Wenn Pippi zugibt, dass sie leider oft lüge, und zugleich behauptet, dass alle Kongolesen lögen, erinnert sie an das von dem britischen Philosophen Bertrand Russell formulierte berühmte Paradoxon: „Epimenides, der Kreter, sagte: Alle Kreter sind Lügner." Für Kinder ist

das kein Problem, nur für Erwachsene. Und die Erwachsenen haben Pippi nie wirklich ge-
55 mocht. [...]
Die Bedeutung von „Neger" hat sich tatsächlich gewandelt. Heute ist es ein herabsetzender
Begriff, der sich im respektvollen Umgang verbietet. In einem literarischen Text aber kann
er erlaubt sein, zum Beispiel bei Rollenprosa. Aber auch die kann problematisch werden. Der
Schriftsteller Uwe Timm etwa setzt sich in seinem Roman *Morenga* mit dem deutschen Ko-
60 lonialismus in Afrika auseinander. Darin heißt es: „Oberveterinär Gottschalk wurde von ei-
nem Neger an Land getragen." Er sei für diese Formulierung heftig kritisiert worden, sagt
Timm nun gegenüber der *ZEIT* – übrigens nicht von Afrikanern, sondern von Deutschen.
„Aber diese Passage wird aus dem Blickwinkel Gottschalks erzählt, und für den waren die
Schwarzen bloß die Neger." Man könne den historischen Wortgebrauch nicht einfach über-
65 gehen und quasi eine reine Sprache herstellen. Das wäre Geschichtsklitterung.
[...]
Zweifellos gibt es Rassismus in diesem Land, und es gibt immer mehr Mitbürger nichtdeut-
scher Herkunft, die Wörter wie „Negerkuss" oder „Mohrenkopf" nicht sehr komisch finden
und die in der Idee, sich als „Neger" oder „Türke" zu verkleiden, den Ausdruck jenes „weißen
70 Dominanzdenkens" erkennen, das Wolfgang Benz an Astrid Lindgren kritisiert. Damit ist
gemeint, dass die – ob leichtfertige, ob spielerische – Verwendung des Wortes „Neger" den
Samen des Rassismus sät, der, einmal in den Boden der kindlichen Seele gesenkt, böse
Früchte trägt. Das, mit Verlaub, ist ein naiver Gedanke. Er setzt eine Art Unschuld des Kindes voraus, die sich dadurch bewahren lasse, dass man es vor schädlichen Vokabeln schütze.
75 [...] Glaubt im Ernst jemand, man erziehe Astrid-Lindgren-Leser zu Rassisten, wenn man
den Text nicht reinige? [...]

(Die Zeit, Nr. 4, 21. 1. 2013)

1. Lesen Sie den vorliegenden Sachtext von Ulrich Greiner zunächst ein Mal durch, um einen
ersten Überblick zu gewinnen. Markieren Sie dünn mit Bleistift Begriffe, die Ihnen unbekannt sind, und versehen Sie Aussagen, die Sie auf Anhieb nicht verstanden haben, mit einem Fragezeichen am Rand. Sie können auch Aussagen, die Ihnen von besonderer Bedeutung erscheinen, mit einem Ausrufezeichen am Rand versehen. Ratsam ist es, beim ersten
Lesedurchgang nicht zu viel zu markieren, da der Text sonst optisch leicht zu unübersichtlich wird.
Kreuzen Sie anschließend an, welche Formulierungen das Thema bzw. den Anlass des Textes und die zentrale Aussage des Verfassers wiedergeben.

☐ Anlass des Textes ist, dass der Verfasser bei der erneuten Lektüre von Jugendbüchern
auf politisch unkorrekte Begriffe wie „Neger" oder „Zigeuner" gestoßen ist.

☐ Anlass des Textes ist die Maßnahme des Thienemann Verlages, in Jugendbüchern politisch nicht korrekte Begriffe wie „Neger" durch neutrale Begriffe zu ersetzen.

☐ Der Verfasser begrüßt die Maßnahme des Thienemann Verlages als einen Beitrag des
Kampfes gegen Rassismus in der deutschen Sprache.

☐ Der Verfasser spricht sich gegen die Maßnahme des Thienemann Verlages aus, da er
den Begriff „Neger" nicht für politisch unkorrekt hält.

☐ Der Verfasser spricht sich gegen die Maßnahme des Thienemann Verlages aus, da er
nicht glaubt, dass der Begriff „Neger", wenn er in literarischen Texten benutzt wird, zur
Verbreitung des Rassismus beiträgt.

2. Klären Sie entweder durch Ihr Vorwissen, den Kontext oder mithilfe eines Lexikons folgende Begriffe:

„legendär" (Z. 15): _____

„Trilogie" (Z. 15) : _____

„Furor" (Z. 19): _____

„Antisemitismus" (Z. 33): _____

„Ressentiments" (Z. 34): _____

„Kolonialrassismus" (Z. 34): _____

„Rollenprosa" (Z. 58) : _____

3. Um ein detaillierteres Verständnis des Textes zu gewinnen, lesen Sie ihn ein zweites Mal. Markieren Sie nun Stellen, die die Position des Verfassers besonders deutlich erkennen lassen. Versuchen Sie auch die Textstellen, die Sie beim ersten Lesedurchgang mit einem Fragezeichen versehen haben, zu klären.
Lesen Sie, um das Markieren zu üben, vorab den Abschnitt von Zeile 9 bis 23. Welche der folgenden Aussagen sollte markiert werden, weil sie die Position des Verfassers besonders deutlich wiedergibt?

☐ „Und Hexe geht ja schon lange nicht mehr." (Z. 13)

☐ „Der Oetinger-Verlag hat schon vor Jahren alle ‚Neger' entfernt." (Z. 15 f.)

☐ „Ein Furor politischer Korrektheit verbreitet sich im Land." (Z. 19)

4. Für den ersten Abschnitt sind hier zwei Fragen zusammengestellt, die Sie in Ihrer Analyse beantworten sollten. Notieren Sie sich dazu Stichwörter.

● Warum beginnt Ulrich Greiner seine Argumentation mit einem Zitat aus dem Grundgesetz? Was unterstellt er damit den Jugendbuch-Verlagen?

_____

_____

_____

● Welche Antworten soll der Leser auf die beiden rhetorischen Fragen (Z. 1f. und Z. 7f.) des ersten Abschnitts geben? Was erreicht Greiner damit?

_____

_____

_____

_____

5. Legen Sie auf einem Notizzettel (DIN-A4) eine Tabelle nach folgendem Muster an (es bietet sich an, den Notizzettel querzulegen) und erschließen Sie sich den inhaltlichen und argumentativen Aufbau des Textes und Auffälligkeiten zur sprachlichen Gestaltung. Vervollständigen Sie die Tabelle, indem Sie den Text in Sinnabschnitte gliedern. Sie können sich dabei an den Absätzen, wie der Autor sie festgelegt hat, orientieren, sie können unter Umständen aber auch zwei oder mehrere Abschnitte zusammenfassen. Notieren Sie den Inhalt des jeweiligen Abschnitts, seine argumentative Funktion und Auffälligkeiten zu den sprachlichen Formulierungen.

Abschnitt	Inhalt: Was wird gesagt?	Aufgabe/Funktion des Abschnitts	Sprachliche Auffälligkeiten/ rhetorische Figuren und deren Funktion
1 (Z. 1–8)	Die Ersetzung politisch nicht korrekter Begriffe in Kinderbuch-Klassikern ist Zensur oder Fälschung und daher abzulehnen.	Einführung in das Thema; Nennung der Position des Autors gleich zu Beginn des Textes	Zitat aus Grundgesetz als erster Satz des Textes; rhetorische Fragen an den Leser, der den Aussagen des Verfassers zustimmen soll
2 (Z. 9–23)	Nähere Erläuterung des Tatbestandes (Ersetzung politisch nicht korrekter Begriffe) mit Wertung: „Ein Furor politischer Korrektheit verbreitet sich im Land." (Z. 19)	Information des Lesers, andererseits Überzeugung des Lesers	Begriffe als Ersatz (vgl. Z. 11 f.); Hochschätzung des Jugendbuchs „Pippi Langstrumpf" („legendär", Z. 15)
3			
4			
…			

Information

Für die **Analyse eines argumentativen Sachtextes** ist es auch wichtig, die **Argumentationsweise** genauer zu untersuchen.

Dabei geht es um die Frage, welche Argumente der Verfasser anführt. Sind es seine eigenen Argumente oder führt er Argumente der Gegenposition an, um sie zu widerlegen? Weiterhin kann man die Argumentation auf den Typ hin untersuchen: Man unterscheidet dabei **Autoritätsargumente, normative Argumente** und **Faktenargumente**.

6. Untersuchen Sie die Argumentationsweise des Textes von Ulrich Greiner, indem Sie die folgende Tabelle ins Heft übertragen und ausfüllen und sich dabei vor allem auf die verwendeten Argumentationstypen beziehen. Zwei Beispiele sind bereits vorgegeben.

Argumentationstyp	Beispiele mit Zeilenangabe	eigenes Argument?	Argument der Gegenposition?	Widerlegung?
Autoritätsargument (Berufung auf eine/n anerkannte/n Autorität/Experten)	Ministerin Schröder verändert beim Vorlesen für ihre Kinder politisch unkorrekte Begriffe (vgl. Z. 19 ff.). …		Ja	Die Veränderung zerstört den Witz der Szene (vgl. Z. 32).
normatives Argument (Bezug auf allgemeine Werte, Gesetze, Normen)	…			
Faktenargument (Unstrittige, nachvollziehbare Tatsache unterstützt eine Aussage.)	…			

7. Im Folgenden finden Sie ein Beispiel für eine Einleitung, die Sie überprüfen sollen. Kreuzen Sie an, welche Aussagen für die Einleitung zutreffen.

In dem argumentativen Sachtext „Die kleine Hexenjagd" von Ulrich Greiner geht es um die Maßnahme des Thienemann Verlages und anderer Jugendbuch-Verlage, in Jugendbüchern politisch nicht korrekte Begriffe durch neutrale Begriffe zu ersetzen. Der Verfasser spricht sich in wenig überzeugender Weise gegen die Maßnahme des Verlages
5 aus, da er merkwürdigerweise nicht glaubt, dass der Begriff „Neger", wenn er in Kinderbuch-Klassikern benutzt wird, zur Verbreitung des Rassismus beiträgt.

☐ Die Einleitung nennt alle wesentlichen Informationen.

☐ In der Einleitung fehlen wichtige Informationen.

☐ Die Einleitung ist ohne persönliche Wertungen verfasst.

☐ In der Einleitung werden persönliche Wertungen deutlich.

8. Verfassen Sie nun eine Einleitung, die den obigen Vorgaben (s. S. 16) entspricht.

9. Im Folgenden finden Sie ein Schülerbeispiel für die Darstellung des ersten Abschnitts. Überarbeiten Sie die Formulierung des Schülers/der Schülerin. Orientieren Sie sich an den Formulierungshilfen in dem Informationskasten (S. 16).

Der Text beginnt mit einem Zitat aus dem Grundgesetz. Damit wird die Wichtigkeit des Themas unterstrichen. Es erscheinen zwei rhetorische Fragen, wobei die rhetorische Frage am Schluss des Abschnitts deutlich macht, dass die Maßnahme des Thienemann Verlages Zensur bedeutet und damit verboten ist.

10. Schreiben Sie nun den Schlussteil. Übernehmen Sie dazu die folgenden Textbausteine und ergänzen Sie sie. Formulieren Sie dabei Ihre Ansicht und begründen Sie sie kurz.

Ulrich Greiner spricht sich in seinem Text eindeutig gegen die ... aus, ... Er stützt sich dabei hauptsächlich auf das Argument, dass Literatur ...
Ich möchte der Ansicht von Herrn Greiner widersprechen/zustimmen. Mich hat hauptsächlich überzeugt, dass .../mich hat überhaupt nicht überzeugt, dass ... Ich möchte die
5 Verlage auffordern, die Begriffe zu ersetzen/nicht zu ersetzen.

_____

_____

_____

_____

_____

_____

_____

_____

_____

_____

_____

_____

_____

_____

Auf der Grundlage von Material einen argumentierenden Sachtext verfassen

Information

Bei diesem Aufgabentyp wird von Ihnen erwartet, dass Sie sich mit einem **strittigen Thema kritisch auseinandersetzen**, und zwar mithilfe des beigefügten Materials, aber auch vor dem Hintergrund Ihres Wissens und durchaus auch Ihrer bisherigen Lebenserfahrung. Weiterhin wird erwartet, dass Sie sich einen **eigenen Standpunkt** zu dem strittigen Thema erarbeiten und diesen **argumentativ überzeugend** darlegen.

Nicht erwartet wird von Ihnen eine detaillierte Analyse des Materials. Sie sollen dies eher als einen „Steinbruch" auffassen, dem Sie die Elemente entnehmen, die für Ihre Argumentation wichtig sind.

Ebenfalls nicht unbedingt erwartet wird, dass Sie alle vorgetragenen Argumente anführen. Vielmehr kommt es darauf an, Ihren Standpunkt möglichst wirkungsvoll, d. h. überzeugend darzustellen.

In der Regel werden bei der Aufgabenstellung die **Textart** (z. B. Leserbrief, Kommentar, Blogbeitrag …) und der **Publikationsort** mit dem entsprechenden Adressatenkreis (Schülerzeitung, Jugendzeitschrift …) und eventuell die **Textlänge** vorgegeben.

Einleitung	In der **Einleitung** nennen Sie das zu **bearbeitende Thema** und formulieren auch Ihren **eigenen Standpunkt** dazu. Geben Sie auch an, auf welches Material Sie sich beziehen (Zeitungskommentare, Rezensionen, Leserbriefe, wissenschaftliche Abhandlungen …).
Hauptteil	Im **Hauptteil** legen Sie **in Auseinandersetzung mit dem zugrunde liegenden Material Ihre Argumentation** dar. Je nach Umfang, der für Ihre Ausführungen zur Verfügung steht, haben Sie unterschiedliche Möglichkeiten: <ul><li>Sie beschränken sich in Ihrer Argumentation auf einen wesentlichen Aspekt, den Sie näher ausführen (das ist ein typisches Vorgehen für einen Leserbrief) oder</li><li>Sie entfalten eine dialektische Erörterung des Themas mit Diskussion der Pro- und Kontra-Position.</li></ul>
Schluss	Im **Schlussteil runden Sie Ihren Gedankengang ab**, indem Sie Ihre Position noch einmal pointiert zusammenfassen und auf Ihr zentrales Argument hinweisen. Weiterhin können Sie einen Rückbezug zur Einleitung herstellen oder einen Appell an den Leser richten.

Material 1:

Iris Forster: Politisch korrekte Sprachverwendung. Siehe S. 7 ff. in diesem Arbeitsheft.

Material 2:

Ulrich Greiner: Die kleine Hexenjagd. Artikel aus der Wochenzeitschrift „Die Zeit". Siehe S. 16 ff. in diesem Arbeitsheft.

Material 3:
Kommentar unter einem Artikel auf „Zeit online"

[…]

Ich finde es jedoch übertrieben, sich an einem Begriff zu stören, der zur Zeit seiner Verwendung noch nicht dieselbe Konnotation wie heute besaß. Eigentlich sollte es heutzutage selbstverständlich sein, dass die Eltern ihren Kindern erklären, dass das Wort „Neger" schwarze Menschen beschreibt und heute nur noch abwertend oder sogar beleidigend gebraucht wird.
5 Deswegen allerdings direkt das Buch umzuschreiben, halte ich für übertrieben.

Die – unverhältnismäßig heftige – Diskussion über dieses Thema zeigt jedoch, dass wir anscheinend noch nicht bereit sind, offen mit solchen Begriffen umzugehen. Ein offener

Umgang wäre es, solche Wörter im Kontext ihrer Entstehung zu sehen und den Kindern auch so zu erklären. Dann wäre es wohl auch kaum nötig, aus diesem Grund Bücher umzu-
10 schreiben.

(Kommentar von Mathias Birsens vom 19. 1. 2013 zum Artikel „Oh ,Negerbaby'!"
von Jeannine Kantara, Zeit online, 27. 12. 2012)

Material 4:
Zitat Victor Klemperer

Der Romanist Victor Klemperer (1881–1960) dokumentierte in der Abhandlung „LTI – Notizbuch eines Philologen" die Sprachpolitik des „Dritten Reiches". Er beobachtete akribisch, wie sprachliche Neuregelungen der Nationalsozialisten allmählich das Bewusst-sein der Bevölkerung veränderten:

„Worte können sein wie winzige Arsendosen: Sie werden unbe-merkt verschluckt, sie scheinen keine Wirkung zu tun und nach einiger Zeit ist die Giftwirkung doch da."

(1975)

Material 5:
Leserartikel

Schwarz geboren, zum Neger gemacht
Wer andere Neger nennt, grenzt sie aus, sagt Leser Jonas Hampl.
Er ist schwarz und möchte auch so bezeichnet werden.
Von Jonas Hampl

5 Ich hasse den Neger. Denn ich bin das, was Weiße meistens schwarz nennen. Im Winter ist es zwar eher das holzige Braun vom Stamm eines Nadelbaums, doch mit schwarz fühle ich mich wohl. Schwarz ist ehrlich, schwarz ist gut.
Auch für Begriffe wie Farbiger oder Maximalpigmentierter hatte ich nie viel übrig. Das passt nicht. Schwarz dagegen trifft den Nagel auf den Kopf. Schwarz sein bedeutet beim Familien-
10 foto ins Licht gewunken und gelegentlich auf Englisch angesprochen zu werden. Leute mer-ken sich meinen Namen eher. Es bedeutet Gutes wie Schlechtes, aber nichts, womit ich nicht klarkomme.
Beim Wort Neger ist das anders. Sein Ursprung, niger, wird zwar lediglich mit schwarz über-setzt, aber seine Bedeutung hat sich weit davon entfernt. Meilenweit. Neger sein heißt: Per-
15 sonenkontrollen am Bahnhof, Angst haben. Neger sein bedeutet, abgelehnt zu werden als Freund der Tochter, Besucher der Disco, Mitarbeiter der Firma.
Wer Neger sagt, meint: Du bist kein richtiger Deutscher, du bist kein echter Franke. Du bist hier, aber du gehörst woanders hin. Solche Leute sagen sehr viel und kennen dich sehr we-nig. Neger sein tut weh. Es ist unangenehm. Schon einige haben mir anvertraut, dass sie
20 gern so schwarz wären wie ich. Aber ich bin sicher, dass es keinen gibt, der gern ein Neger wäre. Ich auch nicht.
Schon das Wort Neger zu hören oder zu lesen, ist unangenehm, egal in welchem Kontext. Selbst während ich diese Zeilen schreibe, spüre ich die Hemmung, es zu tippen. Das Wort hat Macht über mich. Es weckt bittere Erinnerungen an Momente, in denen jemand mich
25 zwang, mich als Neger zu fühlen.
Man wird schwarz geboren, aber zum Neger gemacht. Durch Ausgrenzung, Abweisung, Beschimpfung. Durch bittere Erfahrungen und Enttäuschung durch Leute, von denen man eigentlich dachte, sie wüssten es besser.
Man kann niemanden für immer davor schützen, aber ich bedanke mich bei allen Autoren,
30 die den Augenblick etwas nach hinten schieben, an dem ein schwarzes Kind sich mit seiner Hautfarbe auseinandersetzen muss. Ich bin froh, dass ich meinen Kindern nicht vorlesen muss, dass Pippis Vater ein Negerkönig ist. Früher hatte das vielleicht etwas Spannendes, Exotisches. Aber wir leben im 21. Jahrhundert. Heute tut es weh. Mir und wahrscheinlich jedem Vater und jeder Mutter eines schwarzen Kindes.

35 Das Wort Neger zu vermeiden, wird den Rassismus nicht ausrotten. Aber es ist ein Schritt in
die richtige Richtung. Einen Schritt weg von einer Vergangenheit, die nicht unsere Zukunft
bestimmen soll.

(Jonas Hampel, Leserartikel auf „Zeit online" vom 7. 2. 2013)

Material 6:
Umfrage

In der Debatte um diskriminierende Begriffe in Kinderbüchern ist die deutsche Bevölkerung
geteilter Meinung: In einer Umfrage, die das Emnid-Institut im Jahr 2013 im Auftrag der
„BILD am Sonntag" durchgeführt hat, haben sich 50 % der Befragten dafür ausgesprochen,
diskriminierende Begriffe wie „Neger" oder „Zigeuner" durch vermeintlich neutrale Begriffe
5 zu ersetzen. 48 % der Befragten sprachen sich dagegen aus. Das Umfrage-Institut hatte 500
Personen ab 14 Jahren interviewt.

Material 7:
Sachtext

Der folgende Textauszug entstammt der Einleitung zum Unterrichtsmaterial „Thema des Monats: Diskriminierungsfreie Sprache oder Werktreue?" von der Wochenzeitung „Die Zeit" und
der Peter Ustinov Stiftung.

Die Heftigkeit, mit der diese Kontroverse geführt wird, legt nahe, dass es um weit mehr geht
als um Kunst und Literatur. Letztlich ist es eine Diskussion um den alltäglichen Rassismus in
unserer Gesellschaft und dessen sprachliche Manifestationen. An Stammtischen und Schul-
höfen sind Ausdrücke wie „Schwuchtel" oder „Kameltreiber" gang und gäbe. Dunkelhäutige
5 Fußballspieler werden von rassistischen Zuschauern unter Affengrunzen mit Bananen be-
worfen. Und das sind keine Einzelfälle: Im Zuge der Kinderbuch-Debatte berichten Betroffe-
ne von einer Kindheit in Deutschland, die geprägt war von demütigenden „Neger"-Hänselei-
en und dem Gefühl, aufgrund ihrer Hautfarbe ausgegrenzt zu sein. Hier stellt sich die Frage,
inwiefern bereits die Sprache den Nährboden für diese Ressentiments bereitet. Als scheinbar
10 wertneutrales Mittel der Unterscheidung können Wörter verdeckt diskriminierendes Potenzi-
al enthalten – wenn sie mit negativen Zuschreibungen verbunden sind, eine Abgrenzung zur
Mehrheitsgesellschaft manifestieren oder historischen Ballast transportieren. Für eine tole-
rante, weltoffene Gesellschaft ist eine Erziehung zu einem sensiblen Sprachgebrauch also
essenziell. Dass dabei die Lektüre von Pippi Langstrumpf allein niemanden zum Rassisten
15 macht, dürfte jedoch auf der Hand liegen. Aber wie definieren wir den Anfang von Diskriminierung, und wo schließt sich die Kette zwischen Sprache, Denken und Handeln?

(2013)

1. Ihre Aufgabe ist es, einen argumentierenden Sachtext zu der Frage zu verfassen, ob Verlage
in ihren Kinderbüchern Begriffe, die als diskriminierend empfunden werden können, ersetzen sollten. Sichten Sie als ersten Schritt das hier angebotene Material. Füllen Sie dazu die
Tabelle aus, indem Sie ein Kreuz in die entsprechende Zeile machen. Enthält das Material
Informationen, die Sie für Ihre Einleitung, als Argument für die Änderung von Kinderbüchern (Pro) und/oder als Argument gegen eine Änderung (Kontra) verwenden können?

geeignet für	Material						
	1	2	3	4	5	6	7
Einleitung							
Darstellung von Pro-Argumenten							
Darstellung von Kontra-Argumenten							

2. Setzen Sie sich nun mit dem Material auseinander und entscheiden Sie sich, welche der beiden in der Aufgabenstellung angesprochenen Positionen Sie für überzeugender halten und welches Ihr Hauptargument sein könnte. Ergänzen Sie dazu einen der beiden Satzanfänge.

In Kinder- und Jugendbüchern sollten möglicherweise diskriminierende Begriffe wie „Neger" oder „Zigeuner" ersetzt werden, denn ...

_____

_____

In Kinder- und Jugendbüchern sollten möglicherweise diskriminierende Begriffe wie „Neger" oder „Zigeuner" nicht ersetzt werden, denn ...

_____

_____

3. Gehen Sie nun das Material noch einmal durch und notieren Sie Argumente, die Ihre Position stützen. Sinnvoll kann es dabei sein, Karteikarten zu verwenden, die Sie später bei der Ausformulierung Ihrer Stellungnahme gut nutzen können.
Notieren Sie auch auf der Karteikarte, warum Sie das Argument überzeugt.

4. Sehr wirkungsvoll kann es in der geforderter schriftlichen Stellungnahme sein, sich auch mit den Argumenten der Gegenposition auseinanderzusetzen und zu zeigen, dass diese nicht überzeugend sind. Notieren Sie deshalb auch Argumente, denen Sie nicht zustimmen, und schreiben Sie auf, warum diese Argumente für Sie nicht überzeugend sind.
Hier ein mögliches Beispiel:

Argument	Grund für die Ablehnung des Arguments
Der Romanist Victor Klemperer ist der Auffassung, dass Wörter wie eine kleine Dosis Arsen wirken können. Zunächst verspüre man keine Wirkung, aber durch den ständigen Gebrauch stelle sich doch ihre Giftwirkung ein. Bezogen auf den umstrittenen Begriff „Neger" bedeutet dies also, dass durch einen häufigen Gebrauch dieses Begriffes sich die diskriminierende Wirkung im Denken der Menschen festsetzt.	Es kann doch gar nicht davon die Rede sein, dass es in der Kinder- und Jugendliteratur von diskriminierenden Begriffen wimmelt, sodass das Denken der Kinder und Jugendlichen langsam „vergiftet" wird.

5. Formulieren Sie zu einem weiteren Beispiel – unabhängig von Ihrer tatsächlichen Überzeugung – eine mögliche Entkräftung des Arguments.

Argument	Grund für die Ablehnung des Arguments
Der Journalist Ulrich Greiner ist der Überzeugung, dass man Kinder nicht dadurch vor rassistischem Denken bewahrt, dass man entsprechende diskriminierende Begriffe entfernt.	

6. Nach diesen Vorarbeiten können Sie nun mit dem Verfassen Ihrer Stellungnahme beginnen. Stellen Sie sich als Publikationsort eine Schülerbroschüre zum Thema „Schule ohne Rassismus" vor. Den Adressatenkreis bilden Eltern, Lehrer und Schüler.

Mit literarischen Texten umgehen

Einen epischen Text/Textauszug beschreiben und deuten (analysieren)

Information

Ziel der schriftlichen Analyse eines epischen Textes oder Textauszuges ist es, den Leser über den **Inhalt** des epischen Textes zu **informieren**. Neben der rein inhaltlichen Information über die Protagonisten und die Handlung geht es aber auch um die Art und Weise – **das „Wie" – des Erzählens**, denn der Erzähler kann auf verschiedene Strategien zurückgreifen, mit denen er seine Geschichte dem Leser darbieten möchte. Diese z. T. nicht leicht durchschaubaren Erzählstrategien gilt es zu verstehen, indem man sprachlich-rhetorische Mittel des Erzählers sowie erzähltechnische Auffälligkeiten in ihrer Funktion für die Textaussage und ihrer Wirkung auf den Leser bzw. die Leserin beschreibt.

Einleitung	Die **Einleitung** hat die Funktion, den Leser/die Leserin über die sog. **äußeren Textdaten**, d. h. den Titel des Erzähltextes, seinen Verfasser, das Erscheinungs- oder Entstehungsjahr, gegebenenfalls auch kurz über seinen historischen Kontext, zu informieren. Der Leser erfährt den Ort, die Zeit und die Namen der im Text(auszug) auftretenden Figuren. Zum Zweiten ist es wichtig, das **Thema** – also die zentrale Problematik oder Fragestellung des Textes – zu benennen. Das bedeutet nicht, dass Sie eine Inhaltsangabe formulieren, diese steht zu Beginn Ihres Hauptteils. (Es ist auch möglich, am Ende der Einleitung eine vorläufige Interpretationshypothese, z. B. in Frageform, aufzustellen. In diesem Fall müssen Sie jedoch nach der Analyse im Hauptteil am Ende wieder auf diese zu sprechen kommen. Ihr Aufsatz erhält so eine zirkuläre, d. h. kreisförmige Struktur.)
Hauptteil	Der **Hauptteil** ist das Kernstück Ihres Aufsatzes. Hier findet die eigentliche Analyse des epischen Textes/Textauszuges statt. Man beginnt ihn mit einer kurzen **Inhaltsangabe**. Handelt es sich um einen Textauszug, z. B. aus einem Roman, sollte dieser in den Gesamtzusammenhang eingeordnet werden, indem die Handlung vor und nach dem zu analysierenden Textauszug kurz skizzierend dargestellt wird. Bei der Darstellung der Analyseergebnisse gibt es zwei methodische Alternativen: Am bekanntesten ist das **lineare Vorgehen**, bei dem der Text – ausgehend von einer Gliederung in Sinnabschnitte – Abschnitt für Abschnitt systematisch untersucht wird. Manchmal enthält die Aufgabenstellung jedoch bereits Hinweise auf ausgewählte Aspekte, denen Sie besonderes Augenmerk schenken sollen. Es ist bei dieser **aspektorientierten** Analyse dann nicht erforderlich, sämtliche Untersuchungsgesichtspunkte, die hier in der Folge aufgelistet werden, zu bearbeiten:

- **Thema:** Ausgestaltung/Entwicklung der zentralen Problematik
- **Handlungsaufbau:** Gliederung in Sinnabschnitte; Verlauf der Handlung, evtl. Entwicklung von Anfang bis Ende; möglicher Spannungsbogen
- **Ort und Zeit:** Beschreibung des (evtl. symbolisch deutbaren) Ortes, Gestaltung der Atmosphäre, historische Zeit der Handlung, Zeitstruktur
- **Figuren:** Charakterisierung der Hauptfigur(en) und seiner/ihrer Entwicklung; Figurenkonstellation: Beziehungen; Deutung des kommunikativen Verhaltens der Figuren (verbal und nonverbal)
- **Sprache:** Beschreibung der sprachlich-rhetorischen Mittel, Wortwahl/-felder; Spezifik der Syntax (Satzbau), Stil und funktionale Deutung

- **Erzähltechnik:** z. B. Erzählperspektive, Erzählform, Erzählverhalten, Erzählerstandort, Darbietungsformen (Erzählerbericht, Figurenrede)
- **Textsorte/Gattung:** Bestimmung der Textsorte/Gattung auf Grundlage der Textsortenmerkmale (z. B. Kurzgeschichte, Parabel u. a.)
- **Titel:** wenn möglich Deutung des Titels durch Herstellung eines Zusammenhangs mit dem Erzählgegenstand/der Handlung

Schluss	Fassen Sie für den **Schluss** die wesentlichen Ergebnisse Ihrer Analyse kurz zusammen, ohne sich in epischer Breite zu wiederholen. Formulieren Sie eine zusammenfassende **Folgerung**, indem Sie erläutern, welche Wirkungs- und Aussageabsichten der Text für Sie als Ganzes hat. Erarbeiten Sie keine neuen Analyseergebnisse en detail, diese gehören in den Hauptteil. Es ist möglich, zum Text Stellung zu nehmen. Ihre persönliche Wertung kann sich dabei auf inhaltliche Aspekte beziehen, z. B. auf das Verhalten einer literarischen Figur, aber auch auf formale Auffälligkeiten, z. B. die erzähltechnische Machart des Textes. Zudem können Sie auf die (mögliche) thematische Aktualität des Textes/Textauszuges eingehen oder ihn begründet in seinen historischen Entstehungszusammenhang einordnen.

Hans Fallada (1893–1947)
Kleiner Mann, was nun?

Hans Falladas Geschichte ist die des stets gut gekleideten Angestellten Johannes Pinneberg, der mit seiner Frau, dem Lämmchen, die soziale Not der Weimarer Republik (1919–1933) – der ersten deutschen, leider gescheiterten Demokratie – am lebendigen Leib erfährt. Für den Autor verkörpert der Herrenmodeverkäufer Pinneberg den Idealtypus des durchschnittlichen Angestellten, der sich als trauriger Held nahtlos in die sich radikalisierende Gesellschaft seiner Zeit einzuordnen gedenkt, solange er nur materiellen Erfolg hat. Doch die Goldenen Zwanzigerjahre sind schnell vorbei, schon bald ist der Musterangestellte in seiner beruflichen Existenz durch die Weltwirtschaftskrise fundamental gefährdet. Einzig die Familie – zu seiner Frau „Lämmchen" gesellt sich der Sohn Murkel – verleiht dem kleinen Mann noch Stabilität, doch den weiteren sozialen Abstieg kann auch der Rückzug ins Private nicht dauerhaft kompensieren.

Fallada zeigt in seinem Helden „einen von sechs Millionen, ein Garnichts, und was der Garnichts fühlt und erlebt", so der Autor in einem Brief an seinen Verleger Ernst Rowohlt. Im vorliegenden Romanauszug läuft der soeben entlassene und deshalb verzweifelte Pinneberg auf den Straßen Berlins seine Runden, um eventuell eine neue Beschäftigung zu ergattern, die ihm dabei helfen kann, seine kleine Familie über Wasser zu halten. Auf der Friedrichstraße flanierend, wagt er sich nicht nach Hause und macht die Entdeckung, wie aus Menschen Raubtiere werden können.

Pinneberg ist früher viel in der Friedrichstraße spazierengegangen, er ist gewissermaßen zu Hause hier, darum merkt er auch, wie viel mehr Mädchen jetzt hier stehen als früher. Es sind natürlich längst nicht alles Mädchen, viel unlauterer Wettbewerb ist dazwischen, schon vor anderthalb Jahren haben sie im Geschäft erzählt, daß viele Frauen von Erwerbslosen auf den
5 Strich gehen, um ein paar Mark zu verdienen. Das ist wahr, man sieht das, viele sind so völlig aussichtslos, reizlos, oder wenn sie hübsch sind, mit solch gierigem Gesicht, geldgierigem Gesicht.

Pinneberg denkt an Lämmchen und an den Murkel. „Wir haben es doch nicht schlecht", sagt Lämmchen immer. Sicher hat sie damit auch recht. [...] Pinneberg rennt nun schon zum
10 vierten Mal das Stück Friedrichstraße zwischen Leipziger und den Linden auf und ab. Er kann noch nicht nach Hause, er kann einfach nicht. Wenn er zu Haus ist, ist wieder alles zu Ende, das Leben glimmt und schwelt hoffnungslos weiter, hier kann doch etwas geschehen! Zwar, die Mädchen sehen ihn nicht an, für die kommt er keinesfalls in Frage mit dem verschossenen Mantel, den schmutzigen Hosen und ohne Kragen. [...]

15 Nun, er möchte einmal einem Menschen er-
zählen können, wie es früher war und was er
für nette Anzüge gehabt hat und wie herrlich
der Murkel doch ist ... Der Murkel! Nun hat er
wahrhaftig die Butter und die Bananen für
20 den Murkel vergessen, und es ist schon neun,
er kommt in keinen Laden mehr. Pinneberg
ist wütend auf sich und noch trauriger, so
kann er doch nicht nach Haus, was soll denn
das Lämmchen von ihm denken? Vielleicht
25 kommt er hintenrum in irgendein Geschäft?
Da ist eine große Delikatessenhandlung,
strahlend erleuchtet. Pinneberg drückt sich
die Nase platt an der Scheibe, vielleicht ist hinten jemand im Verkaufsraum, dem er klopfen
30 könnte.

Er muß seine Butter und seine Bananen haben!

Eine Stimme sagt halblaut neben ihm: „Gehen Sie weiter!" Pinneberg fährt zusammen,
35 er hat richtig einen Schreck bekommen, er
sieht sich um. Ein Schupo steht neben ihm.

Hat er ihn gemeint?

„Sie sollen weitergehen, Sie, hören Sie!", sagt der Schupo laut.

Es stehen noch mehr Leute am Schaufenster, gut gekleidete Herrschaften, aber denen gilt
40 die Anrede des Polizisten nicht, es ist kein Zweifel, er meint allein von allen Pinneberg.

Der ist völlig verwirrt. „Wie? Wie? Aber warum – ? Darf ich denn nicht – ?"

Er stammelt, er kapiert es einfach nicht.

„Machen Sie jetzt?", fragt der Schupo. „Oder soll ich –"

Über dem Handgelenk hat der den Halteriemen vom Gummiknüppel, er hebt den Knüppel
45 ein wenig an. Alle Leute starren auf Pinneberg. Es sind schon mehr stehengeblieben, es ist
ein richtiger beginnender Auflauf. Die Leute sehen abwartend aus, sie nehmen weder für
noch wider Partei, gestern sind hier in der Friedrichs und in der Leipziger Schaufenster ein-
geworfen.

Der Schupo hat dunkle Augenbrauen, blanke gerade Augen, eine feste Nase, rote Bäckchen,
50 ein schwarzes Schnurrbärtchen unter der Nase ...

„Wird's was?", sagt der Schupo ruhig.

Pinneberg möchte sprechen, Pinneberg sieht den Schupo an, seine Lippen zittern, Pinneberg sieht die Leute an. Bis an das Schaufenster stehen die Leute, gutgekleidete Leute, or-
dentliche Leute, verdienende Leute.

55 Aber in der spiegelnden Scheibe des Fensters steht noch einer, ein blasser Schemen, ohne
Kragen, mit schäbigem Ulster, mit teerbeschmierter Hose.

Und plötzlich begreift Pinneberg, angesichts dieses Schupo, dieser ordentlichen Leute, dieser blanken Scheibe begreift er, daß er draußen ist, daß er hier nicht mehr hergehört, daß
man ihn zu Recht wegjagt: ausgerutscht, versunken, erledigt. Ordnung und Sauberkeit: es
60 war einmal. Arbeit und sicheres Brot: es war einmal. Vorwärtskommen und hoffen: es war
einmal. Armut ist nicht nur Armut, Armut ist auch strafwürdig, Armut ist Makel, Armut
heißt Verdacht.

„Soll ich dir Beine machen?", fragt der Schupo.

Pinneberg gibt sofort klein bei, er ist wie besinnungslos, er will auf dem Bürgersteig weiter
65 rasch zum Bahnhof Friedrichstraße, er will seinen Zug erreichen, er will zu Lämmchen ...

„Hau ab, Mensch!", sagt der Schupo. „Mach ein bißchen dalli!"

Und Pinneberg setzt sich in Bewegung, er trabt an der Kante des Bürgersteigs auf dem Fahrdamm entlang, er denkt an furchtbar viel, an Anzünden, an Bomben, an Totschießen, er
denkt daran, daß er nun eigentlich auch mit Lämmchen alle ist und mit dem Murkel, daß
70 nichts mehr weitergeht ... aber eigentlich denkt er an gar nichts mehr.

Pinneberg kommt an die Stelle, wo die Jägerstraße die Friedrichstraße kreuzt. Er will über
die Kreuzung fort, zum Bahnhof, nach Haus, zu Lämmchen, zum Murkel, dort ist er wer …
Der Schupo gibt ihm einen Stoß. „Da lang, Mensch!" Er zeigt in die Jägerstraße.
Noch einmal will Pinneberg meutern, er muß doch zu seinem Zug. „Aber ich muß …", sagt
75 er.
„Da lang, sage ich", wiederholt der Schupo und schiebt ihn in die Jägerstraße. „Hau ab, aber
ein bisschen fix, alter Junge." Und er gibt Pinneberg einen kräftigen Stoß. Pinneberg fängt
an zu laufen, er läuft sehr rasch, er merkt, sie sind nicht mehr hinter ihm, aber er wagt es
nicht, sich umzusehen. Er läuft auf seinem Fahrdamm weiter, immer geradeaus, in das Dun-
80 kel, in die Nacht hinein, die nirgendwo wirklich tiefschwarze Nacht ist. […]
(1932, aus lizenzrechtlichen Gründen folgt dieser Text nicht der reformierten Rechtschreibung)

Information

Bei der **Vorbereitung einer schriftlichen Analyse eines epischen Textes/Textauszuges** erweist es sich als
günstig, folgende Arbeitsschritte zu vollziehen:

I   Den ersten Leseeindruck festhalten
II   Das Thema des (epischen) Textauszuges formulieren
III   Die zentrale(n) Figur(en) in ihrem Denken und Handeln charakterisieren
IV   Die Struktur bzw. den Verlauf des epischen Textauszuges analysieren
V   Die Art und Weise des Erzählens analysieren
VI   Die Sprache der Figuren analysieren

---

1. Klären Sie für sich die **äußere Situation** des zu untersuchenden Textauszuges. Dies funktio-
niert gut durch Beantwortung der sogenannten **W-Fragen**.

● Welche (zentralen) Figuren treten in dieser Szene auf? Wer handelt?

_____

_____

● Was ist ihr Gesprächsgegenstand, worüber sprechen sie?

_____

_____

● Wo findet die Handlung statt? Welche (möglicherweise symbolische) Rolle spielt evtl.
der Ort?

_____

_____

● Welches Verhältnis zwischen den verschiedenen Figuren zeigt sich? Wie sprechen sie
miteinander?

_____

_____

_____

_____

2. Halten Sie stichwortartig fest, welchen Eindruck Sie nach der ersten Lektüre von der Hauptperson Johannes Pinneberg haben.

_____

_____

_____

_____

3. Kreuzen Sie an, welche der folgenden Formulierungen Ihrer Meinung nach das Thema des Romanauszuges am treffendsten wiedergibt. Sie können auch mehrere Aussagen ankreuzen.

☐ Stress mit der Polizei

☐ Angst und Verzweiflung eines von der Gesellschaft im Stich Gelassenen

☐ Streitgespräch zwischen Pinneberg und einem Schutzpolizisten

☐ desillusionierende Erkenntnis der sozialen Stigmatisierung und Ausgrenzung Arbeitsloser

☐ ambivalente Gefühlswelt eines kleinen Mannes angesichts seines sozialen Abstiegs

☐ Gesichter der Großstadt Berlin

☐ Herausforderung für die kleine Familie Pinnebergs angesichts der neuen Situation

4. Formulieren Sie für sich in einigen wenigen Sätzen das Thema des Textauszuges, indem Sie die vorliegenden Satzanfänge vollenden. Übernehmen Sie dabei einige Formulierungen Ihrer angekreuzten Lösungen. Ihr Ergebnis können Sie im Anschluss auch in der Einleitung Ihrer späteren Verschriftlichung verwenden.

In dem Textauszug aus dem Roman „Kleiner Mann, was nun?" geht es um ...

_____

_____

_____

_____

Die Hilflosigkeit Pinnebergs angesichts der neuen Situation der Arbeitslosigkeit kann man gut daran erkennen, dass ...

_____

_____

_____

_____

Durch das Verhalten des Polizisten wird dem Leser klar, dass ...

_____

_____

_____

5. Für das Verständnis eines Romanauszuges ist es häufig hilfreich, ihn in Sinnabschnitte einzuteilen. So können Sie die Entwicklung der Handlung gut verfolgen.
Im Folgenden ist der Text bereits in drei Sinnabschnitte gegliedert. Ergänzen Sie die Zeilenangaben und fassen Sie für jeden Sinnabschnitt möglichst kurz den Inhalt zusammen (evtl. in Form einer Überschrift).

Sinnabschnitt (Zeilenangabe)	Begründung (Kriterium)
I Zeile 1–32	
II Zeile 33–56	
III Zeile 57–80	

6. Tragen Sie wesentliche Merkmale der Figur Pinneberg zusammen, indem Sie die folgende Tabelle ausfüllen:

Charakterisierung/Figurengestaltung der Hauptfigur Pinneberg	
äußeres Erscheinungsbild	
Lebensumstände/ soziale Situation	
Verhalten (gegen- über seiner Umwelt)	
Einstellungen	
Gedanken/ Emotionen	
Vergangenheit	

Information

In dem Romanauszug treten neben Pinneberg andere Figuren auf. Oft ist es hilfreich, auch diese Nebenfiguren bei der Analyse heranzuziehen, indem man klärt, in welchem Verhältnis sie zur Hauptfigur stehen bzw. welche Funktion sie für die Charakterisierung des Helden haben. Unterschieden werden in diesem Kontext in der Regel zwei zentrale Funktionen: Bei der ersten handelt es sich um **Parallelfiguren**. Sie begleiten die Hauptfigur und weisen sie als typisch für eine bestimmte soziale Schicht aus, indem sie durchaus ähnlich beschrieben werden. Das wesentliche Merkmal von **Kontrastfiguren** hingegen ist ihre Unterschiedlichkeit zur Hauptfigur. Sie werden der Hauptfigur/dem Helden in der Regel gegenübergestellt, um bestimmte Merkmale des Protagonisten noch stärker hervorzuheben bzw. um die Besonderheit des Helden zu verdeutlichen.

7. Untersuchen Sie die Bedeutung der Nebenfiguren, indem Sie folgende Tabelle ausfüllen.

Figur	Verhalten	Kontrast- o. Parallelfigur	Begründung/Funktion
flanierende Passanten			
Prostituierte			
Polizist			

8. Bei der Untersuchung der Erzähltechnik spielt die Erzählperspektive eine besondere Rolle, also die Frage, ob der Erzähler die Personen aus der Sicht eines Außenstehenden darstellt, ohne ihre Gedanken und Gefühle preiszugeben, oder ob er die Innensicht wählt. Kreuzen Sie an, wen der Erzähler aus der Innensicht und wen er aus der Außensicht darstellt.

Person	Innensicht	Außensicht
Pinneberg		
der Polizist		
die Passanten		

9. Notieren Sie drei Zitate, die die Erzählperspektive in Bezug auf Pinneberg bestätigen.

_____

_____

_____

_____

_____

10. Beschreiben Sie, welche Wirkung sich aus dieser Erzählperspektive auf die Wahrnehmung der Figuren ergibt.

_____

_____

_____

11. Analysieren Sie die vorliegenden sprachlichen Äußerungen aus dem Romanauszug, indem Sie sie zutreffend mit der Definition auf der rechten Seite verbinden.

Sprachliche Aussage	Definition
● „Armut ist Makel, Armut heißt Verdacht." (Z. ___)	● Klimax (Steigerung)
● „‚Soll ich dir Beine machen?‘" (Z. ___)	● Märchenhaft anmutende Anapher
● „‚Hau ab, Mensch!‘" (Z. ___)	● Metapher
● „‚Aber ich muß ...‘" (Z. ___)	● Rhetorisch-metaphorische Frage
● „[...] das Leben glimmt und schwelt hoffnungslos weiter [...]" (Z. ___)	● Ellipse
● „Ordnung und Sauberkeit: es war einmal. Arbeit und sicheres Brot: es war einmal." (Z. ___)	● Aufzählungen
● „[...] ausgerutscht, versunken, erledigt." (Z. ___)	● Imperativ

12. Es handelt sich bei den Zitaten in der Tabelle um Äußerungen bzw. Gedanken Pinnebergs und Äußerungen des Polizisten. Identifizieren Sie, von wem jeweils die Aussagen stammen (kennzeichnen Sie die Aussagen mit einem *Pin* oder *Pol*).
Fassen Sie anschließend zusammen, was diese Äußerungen über die jeweilige Person aussagen.

Polizist:

_____

_____

Pinneberg:

_____

_____

13. Spekulieren Sie auf der Grundlage Ihrer Analyseergebnisse, wie das Leben Pinnebergs weiter verlaufen könnte. Notieren Sie dazu einige Stichwörter.

_____

_____

_____

_____

_____

14. Deuten Sie das Szenenbild aus einer Theaterfassung des Romans und vergleichen Sie es mit Ihren Vermutungen über den weiteren Verlauf des Romans. Kreuzen Sie an und begründen Sie.

☐ Das Szenenbild entspricht in weiten Teilen meiner Vermutung über den Fortgang der Handlung.

☐ Das Szenenbild widerspricht im Wesentlichen meiner Vermutung.

☐ Das Szenenbild nimmt Teile meiner Vermutung auf, in anderen Aspekten unterscheidet es sich.

Begründung:

_____

_____

_____

_____

_____

_____

_____

_____

_____

_____

_____

_____

_____

_____

Ein Gedicht beschreiben und deuten (analysieren)

Information

Eine Gedichtanalyse dient dazu, herauszufinden, **auf welche Art und Weise Inhalt, Aussage und Wirkung des poetischen Textes verdeutlicht werden**. Die Ergebnisse dieser Analyse kann man dann in einer schriftlichen Beschreibung sowie anschließender Deutung zusammenfassen.

Einleitung	Zuerst werden die **äußeren Textdaten** genannt. Nennen Sie Autor, Titel, Gedichtart (z. B. Ode, Volkslied, Hymne, Ballade) sowie das Erscheinungs- bzw. Entstehungsjahr. Benennen Sie zudem das **Thema** (Worum geht es?) des Gedichts. Im Anschluss wird der **Inhalt** des Gedichts (Was wird dargestellt?) kurz in eigenen Worten dargestellt. Es ist wichtig, dass an dieser Stelle keine genaue, detaillierte Zusammenfassung oder gar Nacherzählung der Handlung steht, um Dopplungen mit der Analyse des Hauptteils zu vermeiden. Im Idealfall enthält die **Einleitung** bereits einen ersten Hinweis darauf, wie das Gedicht zu deuten ist. Dies kann auch in Form einer Hypothese oder Frage geschehen. Auf diesen **Deutungsansatz** muss dann allerdings im Schlussteil Bezug genommen werden.
Hauptteil	Im **Hauptteil** geht es zunächst um die funktionale und zusammenhängende Beschreibung der **äußeren Form** des Gedichts (Strophenzahl, Verseinteilung, Metrum, Reimschema, Kadenz). Die formale Gestaltung sollte aber im Anschluss unbedingt in die genaue Deutung der Einzelstrophen eingebunden werden, insbesondere sollten formale Auffälligkeiten/ Ausnahmen wie z. B. ein unregelmäßiges Metrum erläutert werden. Danach wird – soweit auffällig – der **Textaufbau** (z. B. bei einer Rahmenstellung von Versen und Strophen) beschrieben und gedeutet. Schließlich werden **Inhalt** _und_ **Sprache** des Gedichts dargestellt. Dabei kann man auf die Situation des lyrischen Ichs, die Atmosphäre, die mögliche inhaltliche Entwicklung sowie die Darstellung des Themas in den einzelnen Strophen eingehen. In diesem Kontext sollte funktional auf sprachlich-rhetorische Mittel (z. B. Wortwahl, Satzbau, sprachliche Bilder, rhetorische Mittel) eingegangen werden, indem man sie zum einen benennt und zum anderen in ihrer Wirkung, Bedeutung und Funktion für Inhalt und Aussage des Gedichts erklärt.
Schluss	Am **Schluss** steht eine knappe **Zusammenfassung** der zentralen Erkenntnisse der Gedichtanalyse des Hauptteils. Die hier gemachten Aussagen über die mögliche Intention oder Wirkungsabsicht des Gedichts müssen sich aus der Analyse des Hauptteils ableiten lassen. Im Anschluss ist es möglich, das Gedicht zu bewerten. Eine solche persönliche Bewertung kann sich auf die inhaltliche Aussage, aber auch auf die Machart bzw. künstlerische Qualität des poetischen Kunstwerkes beziehen. Es ist auch möglich, das Thema des Gedichts zu aktualisieren, also auf die eigene Lebenswelt im 21. Jahrhundert zu beziehen und entsprechende Parallelen herzustellen.

Kurt Tucholsky (1890–1935) war ein deutscher Journalist und Schriftsteller, der zu den bekanntesten Autoren der Weimarer Republik (1919–1933) zählte. Der auch gesellschaftspolitisch engagierte Journalist steht wegen seiner z. T. satirisch-spöttischen Kritik an der Gesellschaft seiner Zeit in der Tradition Heinrich Heines. Vielfach hat der Romanautor, Lyriker, Liedertexter und Kabarettautor vor der anwachsenden Bedrohung der ersten deutschen Demokratie durch den aufkommenden Nationalsozialismus gewarnt. Als politisch links stehender Demokrat sah er sich daher auch Anfeindungen und Bedrohungen seiner Gegner ausgesetzt.

Kurt Tucholsky (1890 – 1935)
Augen in der Großstadt

Wenn du zur Arbeit gehst
am frühen Morgen,
wenn du am Bahnhof stehst
mit deinen Sorgen:
5 da zeigt die Stadt
dir asphaltglatt
im Menschentrichter
Millionen Gesichter:
Zwei fremde Augen, ein kurzer Blick,
10 die Braue, Pupillen, die Lider –
Was war das? vielleicht dein Lebensglück ...
vorbei, verweht, nie wieder.

Du gehst dein Leben lang
auf tausend Straßen;
15 du siehst auf deinem Gang,
die dich vergaßen.
Ein Auge winkt,
die Seele klingt;
du hasts gefunden,
20 nur für Sekunden ...
Zwei fremde Augen, ein kurzer Blick,
die Braue, Pupillen, die Lider;
Was war das? kein Mensch dreht die Zeit zurück ...
Vorbei, verweht, nie wieder.

25 Du musst auf deinem Gang
durch Städte wandern;
siehst einen Pulsschlag lang
den fremden Andern.
Es kann ein Feind sein,
30 es kann ein Freund sein,
es kann im Kampfe dein
Genosse sein.
Es sieht hinüber
und zieht vorüber ...
35 Zwei fremde Augen, ein kurzer Blick,
die Braue, Pupillen, die Lider.
Was war das?
Von der großen Menschheit ein Stück!
Vorbei, verweht, nie wieder.

(1930)

Information

Für die **Analyse eines Gedichts** hat sich folgende Vorgehensweise als günstig erwiesen:

I   Den ersten Leseeindruck festhalten
II   Das Thema des Gedichtes formulieren
III Den Inhalt des Gedichts und seinen Aufbau (linearchronologisch) beschreiben
IV   Die äußere Form beschreiben und deuten
V   Besonderheiten der Sprache und Syntax beschreiben und deuten
VI   Epochentypische Merkmale herausarbeiten

1. Notieren Sie Ihre spontanen Assoziationen, Gedanken und Fragen zum Gedicht in Form eines Ideensterns. Gehen Sie auch auf inhaltliche und formale Auffälligkeiten ein. Schreiben Sie anschließend auf, was das Thema des Gedichts ist.

Thema des Gedichts:

_____

_____

2. Mit welchen der folgenden Aussagen wird Ihrer Meinung nach das Thema des Gedichts am treffendsten wiedergegeben? Begründen Sie Ihre Entscheidung.

Thema des Gedichts „Augen in der Großstadt"...

☐ ... ist die gute Beobachtungsgabe des lyrischen Ichs.

☐ ... sind die negativen Erfahrungen des lyrischen Ichs an seinem Arbeitsplatz.

☐ ... ist die Flüchtigkeit einer einmaligen Begegnung zweier bestimmter Menschen in der Großstadt.

☐ ... ist die Traurigkeit des lyrischen Ichs angesichts der Kommunikationslosigkeit und Vergeblichkeit menschlichen Miteinanders in der Großstadt.

☐ ... sind die schmerzlichen Erfahrungen während einer Stadtrundfahrt.

Begründung:

_____

_____

_____

_____

_____

3. Ein wichtiger Teil der Gedichtanalyse ist die inhaltliche Wiedergabe. Ist das Gedicht in Strophen gegliedert, gibt man den Inhalt analog zu dieser Gliederung wieder. Liegt eine Einteilung in einzelne Strophen nicht vor, versucht man, den Text in Sinnabschnitte aufzuteilen. Ergänzen Sie die folgende Tabelle.

Strophe	äußere Situation (was man sieht)	innere Situation (was man fühlt)
1	Beschreibung einer alltäglichen Situation: Gang zur Arbeit, Ort: Bahnhof, flüchtige Begegnung mit unbekannter Person	Gefühlskälte, Sorgen, Verständnisfrage an sich selbst: Was war das? Fremdheit, Trauer über verpasste Chance
2		
3		

4. Nach der inhaltlichen Beschreibung des Gedichts bietet es sich an, den inhaltlichen Verlauf – seine mögliche Entwicklung – zu untersuchen. Dafür lohnt es sich häufig, eine Entwicklungs- oder auch Stimmungskurve zu zeichnen, um so die eigene Einschätzung auch visuell anschaulich zu machen.

Wählen Sie eine der hier angebotenen Stimmungskurven aus und begründen Sie Ihre Wahl.

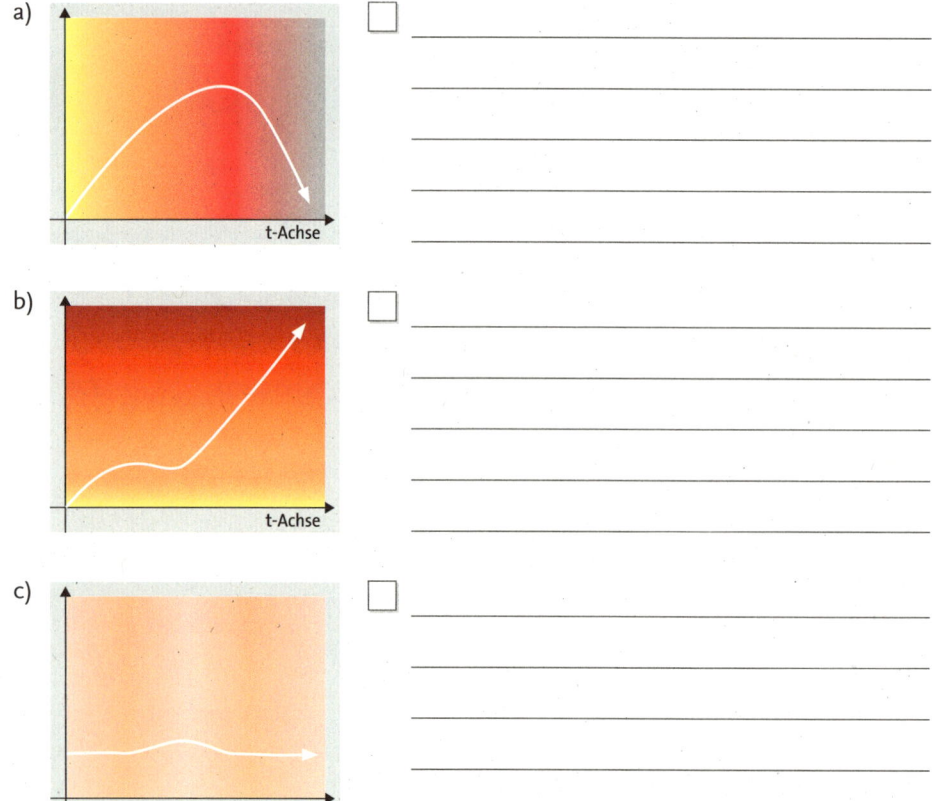

a) ☐ _____

b) ☐ _____

c) ☐ _____

5. Entscheiden Sie: Die Atmosphäre des Gedichts von Kurt Tucholsky ist insgesamt ...

☐ hoffnungsvoll und bescheiden optimistisch.

☐ resignativ-melancholisch.

☐ hin- und hergerissen zwischen Hoffnung und Perspektivlosigkeit.

6. Streichen Sie im folgenden Text die jeweils falsche Aussage.

Die erste Strophe klingt zwar fast wie Prosa, doch erinnert der umarmende Reim/Kreuz-
reim den Leser an den lyrischen Charakter des Textes. Die Aufzählung lapidarer Alltäglichkeiten in den ersten acht/vier Verszeilen lässt eine ebenso unbedeutende Fortsetzung
vermuten, doch die folgenden Verse widersetzen sich mit ihren kurzen dreihebigen/zwei-
5 hebigen Versen und dem Paarreim/Kreuzreim dieser Erwartung. Die Aussagen der ersten acht Verse sind mit dem Rhythmus, der sich der inhaltlichen Botschaft anpasst, und
mit Blick auf das vorliegende Reimschema eingängig/widersprüchlich. Sie gelten allerdings dem Vordergründigen. Am Ende stehen die traurig klingenden Ellipsen/Assonan-
zen dreier Begriffe, welche die Vergeblichkeit des Nachdenkens über die soeben gemach-
10 te flüchtige Begegnung bekunden.

7. Ergänzen Sie mithilfe der folgenden Begriffsliste den Lückentext.

> Stadt • Neologismus • lyrische Ich • parataktische • Metapher • enthüllt • Frage
> • Klimax • Personifikation • Wortfeld des Kampfes • Imperativ • Konditionalsätze
> • Maschine • Synästhesie

In der ersten Strophe spricht das _____ sein Gegenüber, ein anonym

bleibendes „Du" (V. 1, 3, 13 ff.), auf eine alltägliche Situation an. Zwei parallel gefügte

_____ bauen die Spannung langsam auf. Diese wird durch das

Adverb „da" (V. 5) zuerst aufgelöst, doch ist diese Erlösung nur von kurzer Dauer, denn

5 es ist ausgerechnet die _____ selbst, die dem Menschen auf dem Weg

zur Arbeit zeigt, was ihm widerfährt. Dabei _____ sie ihr erschreckendes

Wesen. Die Stadt wird mit der _____ „Menschentrichter" (V. 7) für „Mil-

lionen Gesichter" (V. 8) zu einer Art _____ erklärt, welche die Men-

schenmassen erbarmungslos aufsaugt. Durch den _____ „asphalt-

10 glatt" (V. 6), der syntaktisch in der Schwebe bleibt, wird diese negativ anmutende und

einschüchternde Aussage noch verstärkt.

In der zweiten Strophe wird das Gegenüber des lyrischen Ichs mehrfach als „du" per-

sönlich angesprochen, Hoffnung klingt an. Die _____ des winkenden

Auges (vgl. V. 17) sowie die _____ „die Seele klingt" (V. 18)

heben die Stimmung, was jedoch nur von kurzer Dauer ist. Denn die dem „Du" gestellte 15

_____ (vgl. V. 23) hält zwar zur Besinnung und Reflexion

über die flüchtige Begegnung der Menschen in der Großstadt an, doch die einfache

_____ Antwort „Kein Mensch dreht die Zeit zu-

rück ..." (V. 23) lässt keinen Zweifel an der Tatsache, dass die Chance ein für alle Mal

vertan ist.   20

Die letzte Strophe wird vom _____ dominiert.

Diesem stellt sich der einzelne, vereinsamte Mensch jedoch nicht freiwillig, was der

_____ „Du musst" (V. 25) verdeutlicht. Wie auch die beiden

ersten Strophen endet das Gedicht mit einem resignativ-melancholisch anmutenden

_____ (vgl. V. 39), der nur wenig Hoffnung lässt auf eine 25

Verbesserung der Situation für alle modernen Menschen, die Opfer der Kommunika-

tionslosigkeit und Anonymität des Lebens werden.

Otto Dix: Großstadt, um 1923

Eine Dramenszene beschreiben und deuten (analysieren)

Information

Ziel der schriftlichen Analyse einer Dramenszene ist es, den Leser über den **Inhalt** der Szene zu informieren und ihre **Bedeutung für die gesamte Handlungsentwicklung des Dramas** darzustellen. Es geht zudem darum, die **Entwicklung des Beziehungsgefüges** der Figuren zu beschreiben sowie erläuternd darzulegen, welche **sprachlichen Strategien** die jeweiligen Handlungsträger nutzen, um ihr Ziel zu erreichen. Man kann ergänzend auch **Vergleiche** mit anderen Dramen oder literarischen Figuren ziehen.

Einleitung	Die **Einleitung** hat die Funktion, den Leser oder die Leserin über den **Titel** des Dramas, seinen **Verfasser**, das **Erscheinungs-** oder **Entstehungsjahr**, gegebenenfalls auch kurz über seinen **historischen Kontext** zu informieren. Der Leser erfährt den Ort, die Zeit und die Namen der in der Szene auftretenden Figuren. Formulieren Sie nach Nennung dieser äußeren Daten eine **kurze Inhaltsangabe**, benennen Sie das **Thema** des Gesprächs und ordnen Sie dabei die Szene in den **Gesamtzusammenhang** des Dramas ein.
Hauptteil	Der **Hauptteil** ist das Kernstück der Analyse. Dabei sollten Sie – sinnvoll strukturiert – auf folgende Fragen eingehen: • Welche Motive haben die Gesprächsteilnehmer, welche Absichten verfolgen sie, was treibt sie an? • Auf welche Weise reagieren sie auf die Nachrichten des Gegenübers? • Wie versuchen sie, ihr Ziel zu erreichen? Welche Redestrategien (Sprachweise, rhetorische Figuren, Körpersprache wie Gestik oder Mimik) kommen zur Anwendung? • Welche Redeanteile sind feststellbar? Wer dominiert das Gespräch, wer lässt sich evtl. dominieren? Ist die Gesprächsstruktur symmetrisch (ein Gespräch unter Gleichen) oder asymmetrisch (der eine Sprecher ist dem anderen, z. B. mit Blick auf die Bildung oder seine gesellschaftliche Stellung, überlegen)? • In welcher Beziehung stehen die Gesprächspartner? Gibt es eine Änderung der Beziehung im Laufe der Handlung? Welche charakteristischen Verhaltensweisen werden in der Szene offenbar? Ist das Verhalten einer Figur individuell oder typisch für eine Gruppe? • Gibt es Kommunikationsprobleme? Missverstehen sich die Gesprächspartner? Welchen Grund können Sie hierfür ausmachen? • Welchen Verlauf nimmt das Gespräch insgesamt? Gibt es einen Wendepunkt? Ist das Gespräch gelungen? Gibt es Störungen? • Welchen Hinweis geben eventuelle Regieanweisungen?
Schluss	Zum **Schluss** fassen Sie die **Analyseergebnisse** des Hauptteils zusammen, etwa indem Sie die zentrale Erkenntnis hervorheben. Arbeiten Sie die Bedeutung der Szene für den Handlungsverlauf des Dramas heraus. Abschließend können Sie das Handeln der Figuren begründet bewerten, das Thema aktualisieren oder das Drama/die Szene begründet in seinen historisch-literarischen Zusammenhang (Epoche) einordnen, z. B. indem Sie auf ähnliche Ihnen bekannte Texte hinweisen.

Friedrich Schiller (1759 – 1805)
Kabale und Liebe (Drama)

Schiller greift in seinem Schauspiel eine Thematik auf, die grundlegend für die Epoche des Sturm und Drang ist: die Kritik an der Macht der gesellschaftlichen Verhältnisse, die bis in die Privatsphäre der Menschen hineingreift. Es geht um die unstandesgemäße Liebesbeziehung zwischen dem adeligen Ferdinand von Walter und der bürgerlichen Luise Millerin. Der adlige

Major Ferdinand von Walter, dessen intriganter Vater als Präsident am Hof des Fürsten für seinen Sohn eine erfolgreiche politische Karriere plant, liebt die bürgerliche Luise. Das schöne Mädchen ist die Tochter des stolzen, selbstbewussten Bürgers Miller, eines streng gläubigen Musiklehrers, der seine Tochter abgöttisch liebt. Der Standesunterschied zwischen Luise und Ferdinand, die sich aufrichtig lieben, macht eine dauerhafte Verbindung unmöglich. Für Ferdinands Vater ist das Verhältnis seines Sohnes eine banale erotische Affäre, die er nicht ernst nimmt. Luises Vater lehnt die Verbindung, anders als ihre eitle Mutter, ebenfalls ab, da sie nicht mit seinen christlich-moralischen Werten in Einklang zu bringen ist. In der vorliegenden Szene treffen die beiden Liebenden erstmalig im Drama aufeinander.

Erster Akt/Vierte Szene (I, 4)
FERDINAND VON WALTER. LUISE

Er fliegt auf sie zu – sie sinkt entfärbt und matt auf einen Sessel – er bleibt vor ihr stehn – sie sehen sich eine Zeit lang stillschweigend an. Pause

FERDINAND: Du bist blass, Luise?   5

LUISE (*steht auf und fällt ihm um den Hals*): Es ist nichts. Nichts. Du bist ja da. Es ist vorüber.

FERDINAND (*ihre Hand nehmend und zum Munde führend*): Und liebt mich meine Luise noch?
   Mein Herz ist das gestrige, ist's auch das deine noch? Ich fliege nur her, will sehn, ob du
   heiter bist, und gehn und es auch sein – du bist's nicht.

LUISE: Doch, doch, mein Geliebter.   10

FERDINAND: Rede mir Wahrheit. Du bist's nicht. Ich schau durch deine Seele wie durch das
   klare Wasser dieses Brillanten. (*Er zeigt auf seinen Ring*) Hier wirft sich kein Bläschen auf,
   das ich nicht merkte – kein Gedanke tritt in dies Angesicht, der mir entwischte. Was hast
   du? Geschwind! Weiß ich nur diesen Spiegel helle, so läuft keine Wolke über die Welt.
   Was bekümmert dich?   15

LUISE (*sieht ihn eine Weile stumm und bedeutend an, dann mit Wehmut*): Ferdinand! Ferdinand!
   Dass du doch wüsstest, wie schön in dieser Sprache das bürgerliche Mädchen sich aus-
   nimmt –

FERDINAND: Was ist das? (*Befremdet*) Mädchen! Höre! Wie kommst du auf das? – Du bist meine Luise! Wer sagt dir, dass du noch etwas sein solltest? Siehst du Falsche, auf welchem   20
   Kaltsinn ich dir begegnen muss. Wärest du ganz nur Liebe für mich, wann hättest du Zeit
   gehabt, eine Vergleichung zu machen? Wenn ich bei dir bin, zerschmilzt meine Vernunft
   in einen Blick – in einen Traum von dir, wenn ich weg bin, und du hast noch eine Klugheit
   neben deiner Liebe? – Schäme dich! Jeder Augenblick, den du an diesen Kummer verlorst,
   war deinem Jüngling gestohlen.   25

LUISE (*fasst seine Hand, indem sie den Kopf schüttelt*): Du willst mich einschläfern, Ferdinand
   – willst meine Augen von diesem Abgrund hinweglocken, in den ich ganz gewiss stürzen
   muss. Ich seh in die Zukunft – die Stimme des Ruhms – deine Entwürfe – dein Vater –
   mein Nichts. (*Erschrickt und lässt plötzlich seine Hand fahren*) Ferdinand! ein Dolch über dir
   und mir! – Man trennt uns!   30

FERDINAND: Trennt uns! (*Er springt auf*) Woher bringst du diese Ahnung, Luise? Trennt uns?
   – Wer kann den Bund zwoer Herzen lösen oder die Töne eines Akkords auseinander-
   reißen? – Ich bin ein Edelmann – Lass doch sehen, ob mein Adelsbrief älter ist als der Riss
   zum unendlichen Weltall? Oder mein Wappen gültiger als die Handschrift des Himmels
   in Luisens Augen: Dieses Weib ist für diesen Mann? – Ich bin des Präsidenten Sohn. Eben 35
   darum. Wer, als die Liebe, kann mir die Flüche versüßen, die mir der Landeswucher meines Vaters vermachen wird?

LUISE: O, wie sehr fürcht ich ihn – diesen Vater!

FERDINAND: Ich fürchte nichts – nichts – als die Grenzen deiner Liebe. Lass auch Hindernis-
   se wie Gebürge zwischen uns treten, ich will sie für Treppen nehmen und drüber hin in   40
   Luisens Arme fliegen. Die Stürme des widrigen Schicksals sollen meine Empfindung
   emporblasen, *Gefahren* werden meine Luise nur reizender machen. – Also nichts mehr
   von Furcht, meine Liebe. Ich selbst – ich will über dir wachen wie der Zauberdrach über
   unterirdischem Golde – *Mir* vertraue dich. Du brauchst keinen Engel mehr – Ich will
   mich zwischen dich und das Schicksal werfen – empfangen für dich jede Wunde – auffas- 45

sen für dich jeden Tropfen aus dem Becher der Freude – dir ihn bringen in die Schale der Liebe. (*Sie zärtlich umfassend*) An diesem Arm soll meine Luise durchs Leben hüpfen, schöner, als er dich von sich ließ, soll der Himmel dich wiederhaben und mit Verwunderung eingestehn, dass nur die Liebe die letzte Hand an die Seelen legte –

Luise (*drückt ihn von sich, in großer Bewegung*): Nichts mehr! Ich bitte dich, schweig! – Wüss- 50 test du – Lass mich – du weißt nicht, dass deine Hoffnungen mein Herz wie Furien anfallen. (*Will fort*)

Ferdinand (*hält sie auf*): Luise? Wie! Was! Welche Anwandlung?

Luise: Ich hatte diese Träume *vergessen* und war glücklich – Jetzt! Jetzt! *Von heut an* – der Friede meines Lebens ist aus – Wilde Wünsche – ich weiß es – werden in meinem Busen 55 rasen. – Geh – Gott vergebe dir's – Du hast den Feuerbrand in mein junges, friedsames Herz geworfen, und er wird nimmer, nimmer gelöscht werden. (*Sie stürzt hinaus. Er folgt ihr sprachlos nach*)

(1784)

Information

Bei der **Vorbereitung einer schriftlichen Analyse einer Dramenszene** erweist es sich als günstig, folgende Arbeitsschritte zu vollziehen:

I   Den ersten Leseeindruck festhalten
II   Das Thema der Szene formulieren
III   Die dramatischen Figuren in ihrem Denken und Handeln charakterisieren
IV   Die Struktur und den Verlauf des Dialogs analysieren
V   Die Sprache der Figuren analysieren

---

1. Formulieren Sie stichwortartig Ihren ersten Eindruck, den Sie von der Beziehung zwischen Luise und Ferdinand erhalten haben.

_____

_____

_____

_____

2. Notieren Sie weiterhin in Stichworten die Grunddaten der Szene entsprechend den folgenden W-Fragen:

● Welche Figuren treten in dieser Szene auf? Wer handelt?

_____

_____

_____

● Was ist ihr Gesprächsgegenstand, worüber sprechen sie?

_____

_____

_____

● Wo findet das Gespräch statt? Welche Rolle spielt evtl. der Ort? Wird dieser evtl. gewechselt?

_____

_____

_____

● Welches Verhältnis zwischen den Dialogpartnern zeigt sich? Wie sprechen sie miteinander?

_____

_____

_____

3. Kreuzen Sie an, welche der folgenden Aussagen Ihrer Meinung nach das Thema der vorliegenden Szene am genauesten trifft. Sie können auch mehrere Aussagen ankreuzen.

Mir vertraue dich _ Ich will mich zwischen dich und das Schicksal werfen _
1 Aufz. 4. Auftr.

☐ glückliches Wiedersehen zweier Liebender

☐ Streitgespräch zweier Enttäuschter

☐ Gegensätzlichkeit der Gefühle und Hoffnungen zweier Liebender

☐ Problematik der Liebesbeziehung in der Ständegesellschaft

☐ Desillusionierung beider Liebespartner angesichts des Widerstands gegen ihre Beziehung

☐ Kollision unterschiedlicher Einstellungen zur gesellschaftlichen Realität

4. Lesen Sie erneut den Text und notieren Sie stichpunktartig ein Beispiel für auffällig erscheinendes **Verhalten** Ferdinands (a), das Auskunft gibt über seine **innere Einstellung** (b) sowie sein **Verhältnis** zu Luise Millerin (c).

a) Beispiel für auffälliges Verhalten Ferdinands und die dahinterstehende Absicht/das Motiv (Notieren Sie in Klammern die entsprechende Textstelle):

_____

_____

_____

b) innere Einstellung des adligen Majors:

_____

_____

_____

c) Verhältnis zur bürgerlichen Geliebten Luise:

_____

_____

_____

5. Gehen Sie nun in gleicher Weise für die Gesprächspartnerin Ferdinands – Luise Millerin – vor.

a) Beispiel für auffälliges Verhalten Luises und die dahinterstehende Absicht/das Motiv (Notieren Sie in Klammern die entsprechende Textstelle):

_____

_____

_____

b) innere Einstellung Luises:

_____

_____

_____

c) Verhältnis zum adeligen Major Ferdinand:

_____

_____

_____

6. Deuten Sie die erste Regieanweisung Schillers vor Beginn der eigentlichen Handlung (*Er fliegt auf sie zu – sie sinkt entfärbt und matt auf einen Sessel – er bleibt vor ihr stehn – sie sehen sich eine Zeit lang stillschweigend an. Pause.*), indem Sie die nachfolgende These einschätzen.

> Die erste Regieanweisung Schillers vor Beginn der Dramenhandlung gibt bereits Auskunft über den erwartbaren Verlauf der anschließenden Szene, da Ferdinands aktiv-offensives Verhalten mit dem Verb „fliegen" und Luises passiv-defensives Verhalten mit dem Verb „sinken" treffend vorweggenommen werden.

Kreuzen Sie an: Die These ...

☐ trifft zu.

☐ trifft nicht zu.

☐ trifft nur in Teilen zu und bedarf der Ergänzung.

Begründung:

_____

_____

_____

_____

_____

_____

7. Untersuchen Sie auch die anschließenden Regieanweisungen Schillers zu Luise und Ferdinand mithilfe der nachfolgenden Tabellen.

Seite/Zeile	Regieanweisung zu Luise	Deutung
S. 42/Z. 6	*steht auf und fällt ihm um den Hals*	zeigt Luises innere Anspannung und Erwartung
S. 42/Z. 16	*sieht ihn eine Weile stumm und bedeutend an, dann mit Wehmut*	

Seite/Zeile	Regieanweisung zu Ferdinand	Deutung
S. 42/Z. 7	*ihre Hand nehmend und zum Munde führend*	zeigt Ferdinands Anspruch auf Inbesitznahme Luises, sein Verlangen und seine Sehnsucht
S. 42/Z. 12	*Er zeigt auf seinen Ring*	

8. Ziehen Sie aus der Untersuchung der Regieanweisungen ein Fazit für die Entwicklung der Handlung in der Szene.

_____

_____

_____

_____

9. Einen wesentlichen Hinweis für das Verständnis der Handlung bietet auch ein genauer Blick auf die Sprache bzw. den Satzbau (Syntax).
Analysieren Sie die syntaktischen Strukturen in der Szene I, 4.

Äußerung Luises in I, 4	Satzbau	Aussage/Wirkung/Funktion
„Es ist nichts. Nichts. Du bist ja da. Es ist vorüber." (Z. 6)	kurze, z. T. unvollständige Sätze	Sprachl. Reduktion, drohendes Verstummen und Verknappung als Hinweis auf die Verzweiflung Luises als Folge ihres vorherigen Gesprächs mit dem Vater Miller
„Doch, doch, mein Geliebter." (Z. ___)		
„Ich seh in die Zukunft – die Stimme des Ruhms – deine Entwürfe – dein Vater – mein Nichts." (Z. ___)		
„Jetzt! Jetzt! _Von heut an_ – der Friede meines Lebens ist aus – Wilde Wünsche – ich weiß es – werden in meinem Busen rasen. – Geh – Gott vergebe dir's – Du hast den Feuerbrand in mein junges, friedsames Herz geworfen, und er wird nimmer, nimmer gelöscht werden." (Z. ___)		

Äußerung Ferdinands in I, 4	Satzbau	Aussage/Wirkung/Funktion
„Rede mir Wahrheit." (Z. ___)		Befehlston Ferdinands als rüder Imperativ zeigt, dass er seine adlig-herrische Attitüde selbst gegenüber Luise nicht ablegen kann.
„Wenn ich bei dir bin, zerschmilzt meine Vernunft in einen Blick – in einen Traum von dir, wenn ich weg bin, und du hast noch eine Klugheit neben deiner Liebe?" (Z. ___)		
„Ich bin des Präsidenten Sohn." (Z. ___)		

10. Analysieren Sie die sprachlich-rhetorischen Figuren der Szene I, 4, indem Sie die folgende Tabelle ausfüllen. Die einzusetzenden Stilmittel können Sie dem Wortspeicher entnehmen.

Metapher (2x) • Akkumulation • Alliteration • rhetorische Frage • Exclamatio (Aufschrei)

Sprachlich-rhetorische Äußerungen der Figuren	Stilmittel	Aussage/Wirkung/Funktion
„Ich schau durch deine Seele wie durch das klare Wasser dieses Brillanten." (Z. ___)	Vergleich	(hybrider) Anspruch Ferdinands, als seelenverwandter Geliebter Luises diese jederzeit zu durchschauen
„Wer, als die Liebe, kann mir die Flüche versüßen, die mir der Landeswucher meines Vaters vermachen wird?" (Z. ___)		
„O, wie sehr fürcht ich ihn – diesen Vater!" (Z. ___)		
„Lass auch Hindernisse wie Gebürge zwischen uns treten, ich will sie für Treppen nehmen und drüber hin in Luisens Arme fliegen." (Z. ___)		
„Ich seh in die Zukunft – die Stimme des Ruhms – deine Entwürfe – dein Vater – mein Nichts." (Z. ___)		
„[...] der Friede meines Lebens ist aus [...]." (Z. ___)		
„Wilde Wünsche [...] werden in meinem Busen rasen." (Z. ___)		

11. Fassen Sie das Ergebnis der sprachlichen Untersuchung zusammen, indem Sie den folgenden Text ergänzen.

Die Sprache Luises in der vorliegenden Szene ist gekennzeichnet durch _____

_____ .

Dass sie unter einem enormen psychischen Druck steht, wird deutlich, wenn sie

_____ .

Ferdinands sprachliches Verhalten charakterisiert Schillers Helden als typischen Stür- 5

mer und Dränger. Seine scheinbar grenzenlose Begeisterung für die Kraft der Liebe ist

in Wirklichkeit einseitig, naiv und blind, was deutlich wird, wenn er_____

_____

_____. Schon hier kann man sehen,

dass der junge, von Idealen schwärmende Adlige für die tatsächlichen Probleme seiner 10

geliebten Luise kein Ohr hat, etwa wenn er _____

_____

_____. Insgesamt wird durch dieses frühe Auf-

einandertreffen der Liebenden dem aufmerksamen Beobachter bereits jetzt klar, dass

beide unterschiedliche Vorstellungen von der Liebe haben und dass dies im weiteren 15

Verlauf des Dramas _____

_____

_____.

Luise und Ferdinand in einer Inszenierung des Berliner Ensembles, 2013

Texte miteinander vergleichen

Zwei Sachtexte miteinander vergleichen

Information

Wenn Sie zwei Sachtexte miteinander vergleichen, haben Sie grundsätzlich drei verschiedene Möglichkeiten, wie Sie vorgehen können.

Sie können

a) die Texte **getrennt analysieren** und anschließend vergleichen,

b) **einen direkten Vergleich** der beiden Texte nach vorher festgelegten Vergleichsgesichtspunkten durchführen oder

c) **den ersten Text ausführlicher analysieren** und **den zweiten Text** dann **in vergleichender Perspektive** einbeziehen.

In dem vorliegenden Beispiel üben Sie die dritte der genannten Möglichkeiten ein.

In jedem Fall ist es wichtig, für den Vergleich **konkrete Fragestellungen oder Vergleichsgesichtspunkte** festzulegen. Beim Vergleich von Sachtexten lassen sich z. B. die folgenden Aspekte untersuchen:

- Thema/zentrale Fragestellung des Textes,
- zentrale Aussagen des Textes, Position des Autors,
- Aufbau des Textes und Argumentationsstruktur,
- Textart, Sprache und Stil,
- Adressat,
- Entstehungs- und Veröffentlichungssituation.

Text 1

Jurek Becker (1937 – 1997)
Warnung vor dem Schriftsteller. Drei Vorlesungen in Frankfurt. Erste Vorlesung (Auszug)

Der deutsche Schriftsteller und Drehbuchautor Jurek Becker lebte seit 1945 in Ost-Berlin und wuchs seit 1949 in der damaligen DDR auf, die er 1977 verließ, nachdem er die Politik der DDR-Regierung kritisiert hatte. 1989 hielt er an der Universität in Frankfurt/Main drei Vorlesungen zur Poetik.

Würde man einen Tischler fragen, wozu Tischlerei betrieben wird, wäre er wahrscheinlich verwundert. Das Bedürfnis nach Stühlen, Schränken, Tischen ist so augenfällig, ihr Gebrauchswert so offenkundig, dass der Frager leicht in den Verdacht käme, sich dumm zu stellen. Wenn er die Antwort tatsächlich nicht wüsste, brauchte man ihn nur für eine Weile
5 in einen Raum zu sperren, in dem sich keine Tischlerei-Erzeugnisse befinden. Anders sieht es aus, wenn jemand nach dem Grund des Bücherschreibens fragt. Das Bedürfnis nach Büchern ist durchaus nicht offenkundig, ihr Gebrauchswert alles andere als augenfällig. Selbst wenn man die betreffende Person für einige Zeit in ein Zimmer ohne Bücher sperrte, wäre nichts erhellt; sie würde sich vielleicht langweilen, doch gibt es weiß Gott andere Mittel ge-
10 gen Langeweile als Bücher, manchmal ist Langeweile sogar, wie Sie alle wissen, eine direkte Folge des Bücherlesens.

Ich vermute, dass seit den Anfängen von Literatur der wesentlichste Antrieb zum Schreiben das Bedürfnis nach Stellungnahme gewesen ist, also nach Widerspruch. Bestimmt existieren noch die verschiedensten anderen Motive, wie etwa das Bedürfnis, sich zu unterschei-
15 den, sich zu verstellen, seine Originalität zu zeigen, zu unterhalten, zu gefallen, zu erschrecken, Aggressionen loszuwerden. Doch ohne das erstgenannte, so scheint mir, wäre es niemals zu dem gekommen, was wir heute Literatur nennen. Auf nahezu alle Bücher, von denen ich sagen kann, dass sie für mich Bedeutung hatten, trifft zu, dass ein Autor darin von einem Unglück erzählt, von einem Unbehagen, von einer Unzufriedenheit. Von Zweifel
20 oder Verzweiflung. Vom Nichteinverstandensein mit etwas, das ist. Und fast immer, wenn das Gegenteil versucht wurde, wenn ein Autor schrieb, um seinem Wohlbehagen Ausdruck zu geben, seiner Seligkeit, seinem Einverständnis, kam ein Resultat zustande, das nur einem Nebengebiet der Literatur zugehört, wenn auch einem umfangreichen: der Trivialliteratur. Es ist nur wenig übertrieben zu sagen, dass die Geschichte der revolutionären Literatur iden-
25 tisch ist mit der Geschichte der Literatur.
Das soll nun aber nicht heißen, Schriftsteller hätten sich als Dienstleistende an der Gesellschaft zu fühlen, ihre Aufgabe sei es, Ratschläge in Sachen Empörung unter die Leute zu bringen oder Anhänger für eine bestimmte Art von Verdrießlichkeit zu werben. Es wäre absurd zu behaupten, Kafka etwa habe eine solche Verpflichtung gespürt und sich als Gesell-
30 schaftskritiker empfunden. Trotzdem finden sich bei ihm die tiefsten, erstaunlichsten Einsichten über das Wesen einer Gesellschaft, über die geheimen Beweggründe menschlichen Handelns, über das Ausgeliefertsein des Einzelnen an die vielen. Darum nenne ich ihn einen revolutionären Autor. Einmal schrieb er: „Wir brauchen aber die Bücher, die auf uns wirken wie ein Unglück."
35 Die Qualität des Autors steigt bestimmt nicht proportional zu seiner Ablehnung der ihn umgebenden Zustände. So wie er nicht dem Druck ausgesetzt sein sollte, die bestehenden Verhältnisse zu verteidigen (was er in der DDR zweifellos ist), sollte er sie auch nicht angreifen müssen (wozu er in der DDR, wenn er hier im Westen etwas gelten will, gezwungen ist). Wenn ihm beide Möglichkeiten freigestellt sind, zeigt sich ein interessantes Phänomen: Das
40 Fragwürdige an den Verhältnissen interessiert ihn fast immer, das Bewundernswerte fast nie. Zumindest war das so über die Jahrhunderte. Diese Präferenz ist wie eine Voraussetzung für Schriftstellerei: Wenn Sie Schriftsteller sein wollen, leiden Sie an etwas, seien Sie über etwas zu Tode erschrocken, stemmen Sie sich gegen etwas, werden Sie verrückt von etwas. Sonst sind Ihre Bücher zur Mäßigkeit verurteilt, es fehlt darin das Rasende, das Un-
45 ausweichliche. Ohne ein Unglück können Sie nicht einmal Witze über Ihr Unglück machen. Glauben Sie aber nicht, dass ich die Folgen solchen Vorgehens überschätzte.
Auch wenn es wahr ist, dass meine Ansichten durchs Bücherlesen wesentlich beeinflusst wurden, schätze ich die Wirkung von Literatur nicht sehr hoch ein. Sicher ist sie größer als null, genauere Angaben hielte ich für zu gewagt. So groß, wie mancherorts getan wird, ist sie
50 jedenfalls nicht. So groß, dass es lohnte, Bücher zu verbieten und vor aller Welt als autoritäres, gedankenfeindliches Ekel dazustehen, ist sie garantiert nicht. [...]

(e 1989/v 1990)

1. Lesen Sie den Text ein erstes Mal und verschaffen Sie sich einen Überblick über das Thema des Textes.

2. Kreuzen Sie diejenige der folgenden Aussagen an, die das Thema des Textes am besten wiedergibt.

- [ ] Der Autor vergleicht die Tätigkeit des Schriftstellers mit der des Tischlers.
- [ ] In dem Text geht es um die Situation von Schriftstellern in der damaligen DDR.
- [ ] Der Autor beschäftigt sich mit den Motiven, die Schriftsteller für ihre Tätigkeit haben.
- [ ] Das Thema des Textes ist die Bedeutung des Bücherlesens.

3. Lesen Sie den Text ein zweites Mal und markieren Sie zentrale Textstellen zu den folgenden Aspekten:
- Beurteilung und Wirkung von Literatur,
- Verhältnis des Schriftstellers zu Gesellschaft und Politik,
- Motive von Schriftstellern für das Schreiben.

Arbeiten Sie ggf. auch mit Randbemerkungen.

4. Verschaffen Sie sich einen Überblick über den inhaltlichen und gedanklichen Aufbau des Textes, indem Sie die folgende Tabelle vervollständigen.

Abschnitt	Inhalt: Was wird gesagt?	Aufgabe/Funktion des Abschnitts
1 (Z. 1–11)	Beschreibung des „Gebrauchswert[es]" (Z. 2 f.) von Möbeln, Wichtigkeit des Tischler-Berufes, …	Einstieg mit konkretem Bild und Vergleich, …
2 (Z. 12–25)		
3 (Z. ___ – ___)		
4 (Z. ___ – ___)		
5 (Z. ___ – ___)		

5. Untersuchen Sie die sprachliche Gestaltung des folgenden Auszuges aus Beckers Text. Achten Sie dabei z. B. auf Wortwahl und Satzbau.

„Auf nahezu alle Bücher, von denen ich sagen kann, dass sie für mich Bedeutung hatten, trifft zu, dass ein Autor darin von einem Unglück erzählt, von einem Unbehagen, von einer Unzufriedenheit. Von Zweifel oder Verzweiflung. Vom Nichteinverstandensein mit etwas, das ist." (Z. 17–20)

_____

_____

_____

_____

6. Kreuzen Sie diejenige der folgenden Aussagen an, die die zentrale Aussage von Beckers Text am besten wiedergibt:

- ☐ Schriftsteller wollen vor allem ihrem Publikum gefallen und richten sich nach dessen Wünschen.

- ☐ Es gibt eine Reihe unterschiedlicher, aber prinzipiell gleichwertiger Beweggründe dafür, dass Schriftsteller schreiben.

- ☐ Für die meisten Schriftsteller ist das wichtigste Motiv für das Schreiben, dass sie mit den bestehenden Verhältnissen unzufrieden sind und Missstände aufzeigen wollen.

- ☐ Schriftsteller sollten nicht gezwungen werden, für oder gegen eine bestimmte Position Stellung zu beziehen.

7. Erläutern Sie, welche Bedeutung es hat, dass es sich bei Beckers Text um eine Vorlesung an einer Universität handelt.

_____

_____

_____

Text 2

Siegfried Lenz (1926 – 2014)
Der Künstler als Mitwisser. Eine Rede in Bremen (Auszug)

Ich danke der Jury der Rudolf-Alexander-Schröder-Stiftung für die Zuerkennung des Bremer Literaturpreises, und ich danke Ihnen persönlich für die Gelegenheit, hier vor Ihnen sprechen zu können. Ich habe nicht vor, die Empfehlung eines Kollegen aufzunehmen, der dem Schriftsteller riet, bei der aussichtsreichen Gelegenheit aus Herzensgrund bösartig zu sein
5 und die Wonnen der Brüskierung auszukosten. Ich schätze nun einmal die Kunst, herauszufordern, nicht so hoch ein wie die Kunst, einen wirkungsvollen Pakt mit dem Leser herzustellen, um die bestehenden Übel zu verringern. Wer darauf aus ist, zu provozieren, braucht nichts anderes zu tun, als starrsinnig die Wahrheit mitzuteilen: es wird immer jemanden geben, der an der bescheidensten Wahrheit Anstoß nimmt.
10 Auch Brüskieren will gelernt sein; doch da ich dies nicht als die Aufgabe des Schriftstellers ansehe, erlauben Sie mir, kurz auf die Vorstellung einzugehen, die ich mir vom Schriftsteller mache; ich möchte Ihnen ganz bekenntnishaft sagen, welch einen Anspruch ich an ihn stelle, welche Entscheidungen ich von ihm erwarte, und zwar in einem bestimmten Fall, in einer gewissen Lage: dann nämlich, wenn die Macht die Sprache zu beeinflussen, zu zerstören
15 beginnt. [...]
Solch eine grundsätzliche Entscheidung gehört zu der Vorstellung, die ich mir vom Schriftsteller mache. Ein Schriftsteller ist ein Mensch, den niemand zwingt, das zu sein, was er ist; zum Schriftsteller wird man weder bestellt noch berufen wie etwa ein Richter. Er entschließt sich vielmehr freiwillig dazu, mit Hilfe des schärfsten und gefährlichsten, des wirksamsten
20 und geheimnisvollsten Werkzeugs – mit Hilfe der Sprache die Welt zu entblößen, und zwar so, dass niemand sich in ihr unschuldig nennen kann. Der Schriftsteller handelt, indem er etwas aufdeckt: eine gemeinsame Not, gemeinsame Leidenschaften, Hoffnungen, Freuden, eine Bedrohung, die alle betrifft.
Das allerdings kann er nicht mit jenem absichtslosen Entzücken tun, mit dem man blaue
25 Schatten auf dem Schnee zur Kenntnis nimmt oder den Flug der Libelle. Wenn er seine Wahl getroffen hat, sollte er wissen, dass Wörter „geladene Pistolen" sind oder es doch sein können; und darum erwarte ich vom Schriftsteller, daß er, da er keine äußere Verpflichtung anerkennt, zumindest sich selbst ein Versprechen gibt, ein Versprechen, das er in seiner Einsamkeit ständig erneuert: es läuft auf die stillschweigende Verpflichtung hinaus, die

30 Sprache zu verteidigen und mit den Machtlosen solidarisch zu sein, mit den vielen, die Geschichte nur erdulden müssen und denen sogar Hoffnungen verweigert werden.

Darin liegt für mich das selbstverständliche Engagement des Schriftstellers, was so viel heißt, daß man sich nicht nur für einen bevorzugten Stil entscheidet, sondern daß man sich auch dafür erklärt, die Seufzer und Erwartungen der anderen zu seinen eigenen Seufzern 35 und Erwartungen zu machen. Der Einwand, jede Bindung der Literatur sei bereits eine Schwäche und schließe die Möglichkeit zum Kunstwerk aus, ist ebenso oft erhoben wie widerlegt worden [...].

Mein Anspruch an den Schriftsteller besteht nicht darin, daß er, verschont von der Welt, mit einer Schere schöne Dinge aus Silberpapier schneidet; vielmehr hoffe ich, daß er mit dem 40 Mittel der Sprache den Augenblicken unserer Verzweiflung und den Augenblicken eines schwierigen Glücks Widerhall verschafft. In unserer Welt wird auch der Künstler zum Mitwisser – zum Mitwisser von Rechtlosigkeit, von Hunger, von Verfolgung und riskanten Träumen [...]. Es scheint mir, daß seine Arbeit ihn erst dann rechtfertigt, wenn er seine Mitwisserschaft zu erkennen gibt, wenn er das Schweigen nicht übergeht, zu dem andere verurteilt sind.

(1962, aus lizenzrechtlichen Gründen folgt dieser Text nicht der reformierten Rechtschreibung)

8. Lesen Sie Text 2 ein erstes Mal und kreuzen Sie die Aussage an, die die thematischen Überschneidungen zwischen Text 1 und Text 2 am besten kennzeichnet.

☐ In beiden Texten geht es um die Situation von Schriftstellern in einer Diktatur.

☐ Sowohl Siegfried Lenz als auch Jurek Becker setzen sich mit der Bedeutung der Sprache für die Literatur auseinander.

☐ In beiden Texten geht es um die Frage, was „gute" Literatur ist.

☐ Beide Autoren beschäftigen sich mit dem aus ihrer Sicht notwendigen politischen und gesellschaftlichen Engagement von Schriftstellern.

9. Lesen Sie den Text von Siegfried Lenz ein zweites Mal und markieren Sie zentrale Textstellen zu den Aspekten, die Sie auch bei Jurek Beckers Text untersucht haben:
- Beurteilung und Wirkung von Literatur,
- Verhältnis des Schriftstellers zu Gesellschaft und Politik,
- Motive von Schriftstellern für das Schreiben.

10. Vergleichen Sie die zentralen Aussagen der beiden Texte zu den genannten Aspekten, indem Sie die folgende Tabelle ins Heft übertragen und vervollständigen.

Vergleichsaspekt	Jurek Becker	Siegfried Lenz
Beurteilung und Wirkung von Literatur	• äußert sich skeptisch (vgl. Z. 47 ff.), schätzt Wirkung von Literatur als gering ein ...	• wichtig: „Pakt mit dem Leser" (Z. 6), also ...
Verhältnis des Schriftstellers zu Gesellschaft und Politik		
Motive von Schriftstellern für das Schreiben		

11. Fassen Sie die wichtigsten Ergebnisse Ihres Vergleichs aus Aufgabe 10 in einem kurzen
Text zusammen.

_____

_____

_____

_____

_____

12. Vergleichen Sie anhand des folgenden Auszuges aus Text 2 und anhand des Auszuges aus
Text 1 (Aufgabe 5, S. 52) die sprachliche Gestaltung der beiden Texte.

„Mein Anspruch an den Schriftsteller besteht nicht darin, dass er, verschont von der
Welt, mit einer Schere schöne Dinge aus Silberpapier schneidet; vielmehr hoffe ich, dass
er mit dem Mittel der Sprache den Augenblicken unserer Verzweiflung und den Augenblicken eines schwierigen Glücks Widerhall verschafft. In unserer Welt wird auch der
5 Künstler zum Mitwisser – zum Mitwisser von Rechtlosigkeit, von Hunger, von Verfolgung und riskanten Träumen [...]." (Z. 38–43)

_____

_____

_____

_____

13. Beide Texte wurden für den Vortrag vor Publikum verfasst. Vergleichen Sie die beiden Texte hinsichtlich der jeweiligen Redekonstellation, z. B. hinsichtlich des Verhältnisses von
Redner und Zuhörern.

_____

_____

_____

_____

14. Nehmen Sie begründet Stellung zu den von Jurek Becker und Siegfried Lenz vorgetragenen Ansichten.

_____

_____

_____

_____

_____

_____

_____

Zwei Gedichte miteinander vergleichen

Information

Eine häufig gestellte Aufgabe, gerade in Klausuren, ist der **Gedichtvergleich**. Dabei geht es darum, zwei Texte, die grundlegende thematische Gemeinsamkeiten aufweisen, nach bestimmten vorgegebenen oder selbst zu findenden Kriterien einander gegenüberzustellen. Besonders geeignet für einen solchen Vergleich sind zwei thematisch verwandte Gedichte (z. B. Liebeslyrik, Naturlyrik, politische Lyrik) aus unterschiedlichen literaturgeschichtlichen Zusammenhängen.

Es gibt **drei verschiedene Möglichkeiten**, wie Sie einen Textvergleich anlegen können. Oftmals ergibt sich schon aus der Aufgabenstellung, welche dieser Möglichkeiten Sie wählen sollten.

Möglichkeit 1	Getrennte Analyse der beiden Gedichte und anschließender Vergleich: 1. Einleitung 2. Analyse des ersten Gedichts 3. Überleitung 4. Analyse des zweiten Gedichts 5. Vergleich der beiden Gedichte (orientiert an klaren Vergleichskriterien) 6. Schlussteil (Zusammenfassung, Fazit)

Möglichkeit 2	Direkter Vergleich beider Gedichte nach vorher festgelegten Kriterien:
	1. Einleitung (mit Festlegung der Vergleichsaspekte)
	2. Hauptteil:
	  • Vergleichsaspekt 1 (vergleichende Analyse beider Gedichte unter diesem Gesichtspunkt)
	  • Vergleichsaspekt 2
	  • ...
	3. Schlussteil (Zusammenfassung, Fazit)

Möglichkeit 3	Ausführliche Analyse des ersten Gedichts, Berücksichtigung des zweiten Gedichts nur in vergleichender Perspektive: 1. Einleitung 2. Analyse des ersten Gedichts 3. Überleitung 4. Vergleichende Analyse des zweiten Gedichts nur im Hinblick auf die gewählten/vorgegebenen Vergleichsaspekte (immer bezogen auf die Ergebnisse der Analyse des ersten Gedichts) 5. Schlussteil (Zusammenfassung, Fazit)

Ludwig Uhland (1787 – 1862)
Frühlingsglaube

Die linden Lüfte sind erwacht,
Sie säuseln und weben Tag und Nacht,
Sie schaffen an allen Enden.
O frischer Duft, o neuer Klang!
5 Nun, armes Herze, sei nicht bang!
Nun muss sich alles, alles wenden.

Die Welt wird schöner mit jedem Tag,
Man weiß nicht, was noch werden mag,
Das Blühen will nicht enden.
10 Es blüht das fernste, tiefste Tal:
Nun, armes Herz, vergiss der Qual!
Nun muss sich alles, alles wenden.

(1812)

Georg Heym (1887 – 1912)
Frühjahr

Die Winde bringen einen schwarzen Abend.
Die Wege zittern mit den kalten Bäumen
Und in der leeren Flächen später Öde
Die Wolken rollen auf die Horizonte.

5 Der Wind und Sturm ist ewig in der Weite,
Nur spärlich, dass ein Sämann schon beschreitet
Das ferne Land, und schwer den Samen streuet,
Den keine Frucht in toten Sommern freuet.

Die Wälder aber müssen sich zerbrechen
10 Mit grauen Wipfeln in den Wind gehoben,
Die quellenlosen, in der langen Schwäche
Und nicht mehr steigt das Blut in ihren Ästen.

Der März ist traurig. Und die Tage schwanken
Voll Licht und Dunkel auf der stummen Erde.
15 Die Ströme aber und die Berge decket
Der Regenschild. Und alles ist verhangen.

Die Vögel aber werden nicht mehr kommen.
Leer wird das Schilf und seine Ufer bleiben,
Und große Kähne in der Sommerstille
20 In grüner Hügel toten Schatten treiben.

(1911)

1. Die Aufgabenstellung zu dem Vergleich der beiden Gedichte lautet:
Analysieren Sie das Gedicht „Frühlingsglaube" von Ludwig Uhland unter besonderer Berücksichtigung epochentypischer Merkmale. Vergleichen Sie es anschließend mit Georg Heyms Gedicht „Frühjahr" unter dem Aspekt der Naturdarstellung.
Kreuzen Sie an, welche der drei im Informationskasten (S. 56) genannten Möglichkeiten für den Gedichtvergleich durch diese Aufgabenstellung eingefordert wird.

☐ Möglichkeit 1

☐ Möglichkeit 2

☐ Möglichkeit 3

2. Versuchen Sie, das Thema des Gedichts von Uhland in einem einzigen Satz zu formulieren.

_____

_____

_____

3. Bestimmen Sie die lyrische Form dieses Gedichts (Strophenzahl, Reimschema, Metrum etc.).

_____

_____

_____

4. Beschreiben Sie die Atmosphäre des Gedichts „Frühlingsglaube" mit passenden Adjektiven oder anderen Formulierungen.

_____

_____

_____

_____

5. Beschreiben Sie kurz die Situation des lyrischen Ichs bzw. lyrischen Sprechers in Uhlands Gedicht.

_____

_____

_____

_____

6. Geben Sie nun den Inhalt des Gedichts „Frühlingsglaube" in eigenen Worten (stichwortartig) wieder. Untersuchen Sie dabei, wie das zentrale Thema in den einzelnen Strophen dargestellt wird. Prüfen Sie auch, ob sich eine inhaltliche Entwicklung feststellen lässt.

1. Strophe:

_____

_____

_____

_____

_____

_____

_____

2. Strophe:

_____

_____

_____

_____

_____

_____

_____

7. Untersuchen Sie die sprachliche Gestaltung des Gedichts „Frühlingsglaube", indem Sie die Textstellen mit dem passenden Fachausdruck benennen und kurz die Wirkung des verwendeten sprachlichen Mittels beschreiben.[1]

Textbefund	Sprachliches Gestaltungsmittel	Deutung
„Lüfte sind erwacht" (V. 1)	Personifikation	Natur wirkt wie ein Lebewesen, das aus langem Schlaf erwacht
„Sie säuseln und weben [...],/ Sie schaffen [...]" (V. 2 f.)		
„O frischer Duft, o neuer Klang!" (V. 4)		
„Nun, armes Herze" (V. 5)		
„alles, alles" (V. 6)		
„Man weiß nicht, was noch werden mag" (V. 8)		
„Das Blühen will nicht enden" (V. 9)		
„das fernste, tiefste Tal" (V. 10)		
„Nun, armes Herz" (V. 11)		
„alles, alles" (V. 12)		

[1] Eine Übersicht über die wichtigsten rhetorischen Figuren finden Sie im Schülerband P.A.U.L. D. Oberstufe auf S. 586–588.

8. Bestimmen Sie die Epoche, aus der das Gedicht von Ludwig Uhland stammt. Belegen Sie Ihre Zuordnung durch das Nachweisen von epochentypischen Merkmalen im Gedichttext.

Das Gedicht „Frühlingsglaube" stammt aus der Epoche der _____.[1]

Epochentypische Merkmale:

_____

_____

_____

_____

_____

9. Versuchen Sie nun auch, die Epoche zu bestimmen, aus der das zweite Gedicht „Frühjahr" stammt. Belegen Sie auch diese Zuordnung durch das Nachweisen von epochentypischen Merkmalen im Gedichttext.

Das Gedicht „Frühjahr" stammt aus der Epoche des _____.[2]

Epochentypische Merkmale:

_____

_____

_____

_____

_____

10. Durch die Aufgabenstellung ist die Naturdarstellung als übergeordneter Vergleichsaspekt festgelegt. Welche weiteren bzw. detaillierteren Aspekte bieten sich für einen Vergleich der beiden Gedichte noch an? Suchen Sie passende Aspekte aus den Vorschlägen unten heraus und streichen Sie die weniger geeigneten durch.

- Stimmung/Atmosphäre
- Einzelne Elemente der Naturdarstellung
- Wirkung der Natur auf den Menschen
- Beziehung des Menschen zur Natur
- Verhältnis des lyrischen Ichs zur geliebten Frau
- Beurteilung der Zukunft
- Religiöse Aspekte
- Politische Aspekte
- Gesellschaftskritik
- Strophenzahl
- Sprachliche Darstellung: Wortwahl
- Sprachliche Darstellung: Metaphorik
- Weltsicht
- Historischer Hintergrund
- Biografische Aspekte

[1] Wichtige Informationen zu dieser Epoche erhalten Sie im Schülerband P.A.U.L. D. Oberstufe auf den Seiten 221–223.
[2] Wichtige Informationen zu dieser Epoche erhalten Sie im Schülerband P.A.U.L. D. Oberstufe auf den Seiten 320–321.

11. Stellen Sie nun die von Ihnen ausgewählten zentralen Aspekte der beiden Gedichte einander gegenüber.

Vergleichsaspekt	Uhland: „Frühlingsglaube"	Heym: „Frühjahr"

Vergleichsaspekt	Uhland: „Frühlingsglaube"	Heym: „Frühjahr"

12. Fassen Sie abschließend die Ergebnisse Ihrer Untersuchungen in wenigen Sätzen kurz zusammen.

_____

_____

_____

_____

_____

_____

_____

_____

_____

_____

 13. Verfassen Sie einen ausführlichen Vergleich der beiden Gedichte.

Zwei Dramenauszüge miteinander vergleichen

Information

Wenn Sie zwei Dramenauszüge miteinander vergleichen, haben Sie grundsätzlich wie bei jedem Textvergleich verschiedene Möglichkeiten, wie Sie vorgehen können.

Sie können

a) die Texte **getrennt analysieren** und anschließend vergleichen,

b) **einen direkten Vergleich** der beiden Texte nach vorher festgelegten Vergleichsgesichtspunkten durchführen oder

c) **den ersten Text ausführlicher analysieren** und **den zweiten Text** dann **in vergleichender Perspektive** einbeziehen.

In dem vorliegenden Beispiel üben Sie die zweite der genannten Möglichkeiten.

In jedem Fall ist es wichtig, für den Vergleich konkrete Fragestellungen oder Gesichtspunkte festzulegen. Bei Dramen bieten sich z. B. die folgenden Aspekte an:

- Darstellung der Figuren und ihrer Beziehungen,
- Vergleich der Orte, an denen sich das Geschehen abspielt,
- Analyse der Kommunikationssituation und des Gesprächsverlaufs.

Text 1

Frank Wedekind (1864 – 1918)
Frühlings Erwachen

Erster Akt.

Erste Szene.

Wohnzimmer.

Wendla. Warum hast du mir das Kleid so lang gemacht, Mutter?

Frau Bergmann. Du wirst vierzehn Jahr heute! 5

Wendla. Hätt' ich gewusst, dass du mir das Kleid so lang machen werdest, ich wäre lieber nicht vierzehn geworden.

Frau Bergmann. Das Kleid ist nicht zu lang, Wendla. Was willst du denn! Kann ich dafür, dass mein Kind mit jedem Frühling wieder zwei Zoll[1] größer ist? Du darfst doch als ausgewachsenes Mädchen nicht in Prinzesskleidchen einhergehen. 10

Wendla. Jedenfalls steht mir mein Prinzesskleidchen[2] besser als diese Nachtschlumpe[3]. – Lass mich's noch einmal tragen, Mutter! Nur noch den Sommer lang. Ob ich nun vierzehn zähle oder fünfzehn, dies Bußgewand wird mir immer noch recht sein. – Heben wir's auf bis zu meinem nächsten Geburtstag; jetzt würd' ich doch nur die Litze[4] heruntertreten. 15

Frau Bergmann. Ich weiß nicht, was ich sagen soll. Ich würde dich ja gerne so behalten, Kind, wie du gerade bist. Andere Mädchen sind stakig und plump in deinem Alter. Du bist das Gegenteil. – Wer weiß, wie du sein wirst, wenn sich die andern entwickelt haben.

Wendla. Wer weiß – vielleicht werde ich *nicht* mehr sein.

Frau Bergmann. Kind, Kind, wie kommst du auf die Gedanken! 20

Wendla. Nicht, liebe Mutter; nicht traurig sein!

Frau Bergmann *sie küssend*. Mein einziges Herzblatt!

---

[1] Zoll – altes Längenmaß, ca. 2 – 3 cm

[2] Prinzesskleidchen – nach Prinzessin Alexandra von Dänemark (spätere englische Königin) benannter und in der zweiten Hälfte des 19. Jahrhunderts beliebter Schnitt für Kleider

[3] Nachtschlumpe – schlecht sitzendes, weites Kleidungsstück

[4] Litze – flaches Band aus geflochtenen Fäden zur Verstärkung oder Einfassung

Wendla. Sie kommen mir so des Abends, wenn ich nicht einschlafe. Mir ist gar nicht traurig dabei, und ich weiß, dass ich dann umso besser schlafe. – Ist es sündhaft, Mutter, über derlei zu sinnen[1]? 25

Frau Bergmann. Geh denn und häng das Bußgewand in den Schrank! Zieh in Gottes Namen dein Prinzesskleidchen wieder an! Ich werde dir gelegentlich eine Handbreit Volants[2] unten ansetzen.

Wendla *das Kleid in den Schrank hängend.* Nein, da möcht' ich schon lieber gleich vollends zwanzig sein ...! 30

Frau Bergmann. Wenn du nur nicht zu kalt hast! – Das Kleidchen war dir ja seinerzeit reichlich lang; aber ...

Wendla. Jetzt, wo der Sommer kommt? – O Mutter, in den Kniekehlen bekommt man auch als Kind keine Diphtheritis[3]! Wer wird so kleinmütig sein. In meinen Jahren friert man noch nicht – am wenigsten an die Beine. Wär's 35 etwa besser, wenn ich zu heiß hätte, Mutter? – Dank' es dem lieben Gott, wenn sich dein Herzblatt nicht eines Morgens die Ärmel wegstutzt und dir so zwischen Licht abends ohne Schuhe und Strümpfe entgegentritt! – Wenn ich mein Bußgewand trage, kleide ich mich darunter wie eine Elfenkönigin ... Nicht schelten, Mütterchen! Es sieht's dann ja niemand mehr. 40

(1891)

Umschlag der Erstausgabe von „Frühlings Erwachen", 1891

1. Lesen Sie Text 1 und notieren Sie in Stichworten die Grunddaten der Szene.

   a) Beteiligte Figuren: _____

   b) Ort des Gesprächs: _____

   c) Gesprächsanlass: _____

   d) Gesprächsinhalt und Anliegen der Figuren: _____

    _____

    _____

    _____

Text 2

Friedrich Hebbel (1813 – 1863)

Maria Magdalena

Erster Akt.
Zimmer im Hause des Tischlermeisters.

Erste Szene.

Klara. Die Mutter.

Klara. Dein Hochzeits-Kleid? Ei, wie es Dir steht! Es ist, als ob's zu heut gemacht wäre! 5

Mutter. Ja, Kind, die Mode läuft so lange vorwärts, bis sie nicht weiter kann, und umkehren muss. Dies Kleid war schon zehnmal aus der Mode und kam immer wieder hinein.

Klara. Diesmal doch nicht ganz, liebe Mutter! Die Ärmel sind zu weit. Es muss dich nicht verdrießen!

Mutter *(lächelnd).* Dann müsst ich du sein! 10

Klara. So hast du also ausgesehen! Aber einen Kranz trugst du doch auch, nicht wahr?

[1] sinnen – nachdenken
[2] Volants – angenähter Besatz an einem Kleidungsstück
[3] Diphtheritis – von Bakterien ausgelöste Infektionskrankheit der oberen Atemwege

Mutter. Will's hoffen! Wozu hätt' ich sonst den Myrtenbaum[1] jahrelang im Scherben[2] gepflegt!

Klara. Ich hab dich so oft gebeten und du hast es nie angezogen, du sagtest immer: mein Brautkleid ist's nicht mehr, es ist nun mein Leichenkleid und damit soll man nicht spielen. Ich mocht es zuletzt gar nicht mehr sehen, weil es mich, wenn es so weiß da hing, immer an deinen Tod und an den Tag erinnerte, wo die alten Weiber es dir über den Kopf ziehen würden. – Warum denn heut? 15

Mutter. Wenn man so schwer krank liegt wie ich und nicht weiß, ob man wieder gesund wird, da geht einem gar manches im Kopf herum. Der Tod ist schrecklicher, als man glaubt, o, er ist bitter! Er verdüstert die Welt, er bläst all die Lichter, eins nach dem andern, 20 aus, die so bunt und lustig um uns her schimmern, die freundlichen Augen des Mannes und der Kinder hören zu leuchten auf und es wird finster allenthalben, aber im Herzen zündet er ein Licht an, da wird's hell und man sieht viel, sehr viel, was man nicht sehen mag. Ich bin mir eben nichts Böses bewusst, ich bin auf Gottes Wegen gegangen, ich habe im Hause geschafft, was ich konnte, ich habe dich und deinen Bruder in der Furcht des 25 Herrn aufgezogen und den sauren Schweiß Eures Vaters zusammengehalten, ich habe aber immer auch einen Pfenning für die Armen zu erübrigen gewusst, und wenn ich zuweilen einen abwies, weil ich gerade verdrießlich war, oder weil zu viele kamen, so war es kein Unglück für ihn, denn ich rief ihn gewiss wieder um und gab ihm doppelt. Ach, was ist das alles! Man zittert doch vor der letzten Stunde, wenn sie hereindroht, man 30 krümmt sich, wie ein Wurm, man fleht zu Gott ums Leben, wie ein Diener den Herrn anfleht, die schlecht gemachte Arbeit noch einmal verrichten zu dürfen, um am Lohntag nicht zu kurz zu kommen.

Klara. Hör davon auf, liebe Mutter, Dich greift's an!

Mutter. Nein, Kind, mir tut's wohl! Steh' ich denn nicht gesund und kräftig wieder da? Hat 35 der Herr mich nicht bloß gerufen, damit ich erkennen möchte, dass mein Feierkleid noch nicht fleckenlos und rein ist, und hat er mich nicht an der Pforte des Grabens wieder umkehren lassen und mir Frist gegeben, mich zu schmücken für die himmlische Hochzeit? So gnadenvoll war er gegen jene sieben Jungfrauen im Evangelium, das du mir gestern Abend vorlesen musstest, nicht! Darum habe ich heute, da ich zum heiligen Abendmahl 40 gehe, dies Gewand angelegt. Ich trug es den Tag, wo ich die frömmsten und besten Vorsätze meines Lebens fasste. Es soll mich an die mahnen, die ich noch nicht gehalten habe!

Klara. Du sprichst noch immer wie in deiner Krankheit!

(1843)

Klara und ihre Mutter in einer Inszenierung am Maxim Gorki Theater Berlin, 2007

[1] Myrtenbaum – der Myrtenkranz war ein verbreiteter Brautschmuck
[2] Scherben – Blumentopf aus Ton

2. Lesen Sie Text 2 und vergleichen Sie die Grunddaten der beiden Szenen. Notieren Sie Gemeinsamkeiten und Unterschiede.

Gemeinsamkeiten:

_____

_____

_____

_____

Unterschiede:

_____

_____

_____

_____

3. Vergleichen Sie die Darstellung der Figuren und ihrer Beziehung in den Texten 1 und 2.

Vergleichsaspekt	Text 1 (Wedekind)	Text 2 (Hebbel)
Darstellung der Mutter		
Darstellung der Tochter	zeigt ihren eigenen Willen (vgl. Z. 6 f., 11 f.) ...	
Verhältnis Mutter – Tochter	Mutter ängstlich-besorgt (vgl. Z. ___) ...	

4. Kreuzen Sie die Aussagen an, die die Ergebnisse Ihres Vergleichs aus Aufgabe 3 am besten wiedergeben. Sie können mehrere Aussagen ankreuzen.

☐ Die Töchter scheinen in beiden Texten in der unterlegenen Position zu sein.

☐ In beiden Mutter-Tochter-Gesprächen ist Tod eines der Themen.

☐ In beiden Texten geht es um die Darstellung eines Mutter-Tochter-Verhältnisses.

☐ Während Klara (Text 2) sich intensiv um ihre Mutter kümmert, ist Wendla (Text 1) eher auf sich selbst bezogen.

☐ In beiden Texten sorgen sich die Gesprächspartner um den jeweils anderen.

5. Untersuchen und vergleichen Sie den Verlauf der Gespräche in Text 1 und Text 2.

Vergleichsaspekt	Text 1 (Wedekind)	Text 2 (Hebbel)
Wer hat die größeren Redeanteile?		
Wer ergreift die Initiative? Wer lenkt das Gespräch?		
Wie reagieren die Figuren aufeinander? Gehen sie aufeinander ein?		
Welche Absichten und Redestrategien verfolgen die Gesprächspartner?		

6. Fassen Sie die Ergebnisse Ihres Vergleichs aus Aufgabe 5 kurz zusammen. Machen Sie dabei Gemeinsamkeiten und Unterschiede zwischen beiden Texten deutlich.

_____

_____

_____

_____

_____

_____

_____

_____

_____

_____

_____

_____

_____

Mit Sprache richtig umgehen

Den richtigen Ausdruck finden

Richtiger und falscher Wortgebrauch

Die Beispiele in den folgenden Übungen stammen aus Schülertexten zu dem Drama „Kabale und Liebe" von Friedrich Schiller. Eine der Figuren des Dramas ist Lady Milford.

1. Verbessern Sie die unterstrichenen Beispiele für falschen Wortgebrauch.

- Die Szene hat eine <u>entschiedene</u> Bedeutung für die Handlung des Dramas.

  _____

- Die Figur zeichnet sich durch ihre <u>dankvolle</u> Art aus.

  _____

- Er ist einer ihrer engsten <u>Mitmenschen</u>.

  _____

- Lady Milford <u>macht klar</u>, dass sie eine negative Haltung zum Fürsten hat.

  _____

- Er sagt, er <u>hätte</u> sich beeilen müssen.

  _____

2. Unterstreichen Sie in den folgenden Sätzen Beispiele für falschen Wortgebrauch und verbessern Sie diese.

- Diese Szene ist bedeutsam für den Fortlauf der Handlung.

  _____

- Der Hofmarschall agiert nur auf die Handlungen der Lady Milford.

_____

- Präsident von Walter verfolgt dieselbe Ansicht wie Lady Milford.

_____

- Luise möchte ihre Eltern überzeugen, doch dies gelingt ihr nur einseitig.

_____

- Die Zornigkeit Lady Milfords wird durch zahlreiche Ausrufesätze klargemacht.

_____

Ungeschickte und unpassende Formulierungen und Wortverbindungen

1. Entscheiden Sie bei den folgenden Sätzen, welche der vorgeschlagenen Varianten die richtige ist, und unterstreichen Sie diese.

- Durch diese Aussage wird Kritik am Adel verübt/geübt/ausgeübt.
- Sie hat sich entschlossen, ihre Gedanken ans/zu/aufs Papier zu bringen.
- Lady Milford verwirklicht/vollstreckt/vollzieht diesen Plan.
- Diese Szene geht um/veranschaulicht/handelt über den Konflikt zwischen Bürgertum und Adel.
- Lady Milford lässt in dieser Szene unterschiedliche Gefühle erscheinen/erkennen/durchkommen.
- In dem Dialog fällt/tritt/scheint vor allem die Dominanz von Lady Milford ins Auge.

Titelblatt der Erstausgabe 1784

2. Arbeiten Sie so mit den folgenden Sätzen:
   a) Unterstreichen Sie die ungeschickten oder unpassenden Formulierungen.
   b) Ersetzen Sie die von Ihnen unterstrichenen Formulierungen durch bessere.

- Sie begibt sich mit ihren Dienern auf eine Ebene hinunter.

_____

- Sie tut dies, um sich ein reines Gewissen zu holen.

_____

- Diese Szene ist wichtig, da sie das Licht auf Ferdinand und Luise rückt.

  _____

- Lady Milford hat ein Auge auf Ferdinand gerichtet.

  _____

- Lady Milford passt gut in das Bild einer adligen Frau im 18. Jahrhundert.

  _____

- Lady Milford wird bewusst, dass sie an diesem Ort ihr Herz nicht stillen kann.

  _____

Stilistische Fehler

Information

Für das Schreiben von Textanalysen gilt, dass diese in einer sachlichen und formalen Sprache verfasst werden. Dabei kommt es mitunter zu den folgenden Schwierigkeiten:
- Es werden alltagssprachliche Ausdrücke verwendet bzw. solche, die überwiegend im mündlichen Sprachgebrauch eine Bedeutung haben.
- Der gewählte Ausdruck ist wenig aussagekräftig, da er zu allgemein ist. Dies gilt z. B., wenn anstelle eines Fachbegriffes ein ungenauer Begriff aus der Alltagssprache gewählt wird (z. B. *Buch* statt *Drama*).
- Für die sachliche Analyse werden unsachliche, wertende Formulierungen gewählt.

1. Unterstreichen Sie die alltagssprachlichen Ausdrücke in den folgenden Sätzen und ersetzen Sie sie durch treffende sachliche Formulierungen.

- Er schleimt sich bei den Adligen ein.

  _____

- Der Hofmarschall hat hier eigentlich nichts zu melden.

  _____

- Die kritische Absicht wird hier noch mal gut rübergebracht.

  _____

- Nun kann Lady Milford nicht mehr an sich halten.

  _____

- Diese Szene macht deutlich, dass sich Luise nicht so leicht rumschubsen lässt.

  _____

- Lady Milford redet nicht groß drum rum.

  _____

- Interessieren tut das den Hofmarschall eh nicht.

  _____

- Nach der Auseinandersetzung muss Lady Milford erst mal wieder runterkommen.

  _____

2. Ersetzen Sie in den folgenden Sätzen die unterstrichenen Begriffe, die wenig aussagekräftig und zu allgemein sind, durch präzise Ausdrücke.

- Das <u>Buch</u> „Kabale und Liebe" handelt von dem Gegensatz zwischen Bürgertum und Adel.

  _____

- Das <u>Wort</u> „Goldmann", mit dem Lady Milford den Hofmarschall anspricht, ist hier ironisch zu verstehen.

  _____

- Die <u>Sache</u>, von der das Gespräch handelt, ist erneut der Gegensatz zwischen Adel und Bürgertum.

  _____

- Mit dem <u>Ausdruck</u> „Kommt näher" macht Lady Milford deutlich, dass sie die Distanz zwischen sich und ihren Dienern überwinden möchte.

  _____

3. Auf der letzten Seite des Wochenmagazins „Der Spiegel" sind regelmäßig Zitate aus Tageszeitungen, Zeitschriften, Werbeblättern u. Ä. abgedruckt, in denen sprachlich etwas misslungen ist.
Sie finden im Folgenden eine Auswahl solcher Zitate. Schreiben Sie in die rechte Spalte eine verbesserte Form des jeweiligen Zitats auf.

Zitat	verbesserte Form
Aus der „Frankfurter Rundschau": „‚Dreckiges Gold' gehört zu den letzten Westernfilmen, die Hollywood-Ikone John Wayne zu Lebzeiten drehte".	
Aus der österreichischen „Presse am Sonntag": „Im Alter von 15 Monaten starb ihr Vater und vererbte Gloria Laura Vanderbilt vier Millionen Dollar."	
Aus der „Lippischen Landes-Zeitung": **Ein-Euro-Jobber verschönern das Stadtbild**	

Zitat	verbesserte Form
Aus einer Meldung der Sportnachrichtenagentur „SID": „Die Olympiasiegerin bestreitet allerdings weiterhin ihre Unschuld und kündigte rechtliche Schritte gegen den Verbandsentscheid an."	
Aus der „Rhein-Zeitung": **SPD will Gemeinderäte weiblicher machen**	
Aus der „Zeit": „Auf dem Cocktailempfang zur deutschen Premiere der restaurierten ‚Rebel without a Cause'-Fassung im Stue Hotel ging eine Bemerkung von Mund zu Mund, die auf Anhieb jeden sprachlos machte."	
Aus der „Medical Tribune": **Rauchen im Mutterleib fördert bipolare Störung** **Psychische Gesundheit, ein weiteres Argument gegen den Nikotingenuss**	
Bildunterschrift aus der „Westdeutschen Zeitung": „Der Opel hatte nicht auf ‚Rot' geachtet – er war auch nicht nüchtern."	
Aus der „Berliner Morgenpost": „Knapp drei Jahre nach der Havarie im japanischen Kernkraftwerk Fukushima haben US-Forscher die ersten radioaktiven Partikel aus der Ruine vor der Küste Kanadas bei Toronto nachgewiesen."	
Aus der „Schwäbischen Zeitung": „Der unerlaubt von der Unfallstelle geflüchtete Fahrer des länglichen Wagens dürfte auf der rechten Seite beschädigt sein und rote Lackantragungen von Renault aufweisen."	
Aus der „Rhein-Zeitung": **Neureuthers Nacken wird zur Achillesferse**	
Aus einer Polizeimeldung: „Sein Gebiss war sehr auffällig und redete mit einem französischen Akzent."	

Die Rechtschreibung

Fehlerschwerpunkte erkennen

Information

Damit Sie gezielt an bestimmten Rechtschreibproblemen arbeiten können, ist es notwendig, **Fehlerschwerpunkte** zu **erkennen** und diese bestimmten Bereichen der Rechtschreibung zuzuordnen. Anschließend können Sie sich dann entsprechendes Übungsmaterial besorgen, um auf diesem Weg in der Rechtschreibung sicherer zu werden.

Folgende Bereiche, die Sie in dieser oder ähnlicher Weise in Übungsmaterialien wiederfinden, lassen sich unterscheiden:

1. Die Schreibweise lang ausgesprochener, betonter Vokale (Dehnung)
2. Die Schreibung nach kurz ausgesprochenen, betonten Vokalen (Schärfung)
3. Die Schreibung von z und k nach l, m, n, r
4. Gleich oder ähnlich klingende Laute, Silben und Wörter (p oder b, d oder t, ä oder e; äu oder eu, v oder f, ent- oder end-, wieder oder wider)
5. s-Laute
6. das oder dass
7. Die Groß- und Kleinschreibung
8. Zusammen- und Getrenntschreibung
9. Fremdwörter

1. Im folgenden Text – es handelt sich um den Beginn einer Inhaltsangabe zu Gotthold Ephraim Lessings Drama „Nathan der Weise" – sind die farbig markierten Wörter falsch geschrieben. Schreiben Sie die richtige Form darüber und notieren Sie in der Klammer, welchem Rechtschreibbereich die Wörter zuzuordnen sind. Verwenden Sie dazu die entsprechende Ziffer aus dem Kasten oben.

Alexandra Wölke (geb. 1978)
Gotthold Ephraim Lessing: Nathan der Weise – Eine Inhaltsangabe (1. Teil)

Johann Heinrich Tischbein: G. E. Lessing, 1765

Jerusalem im Jahre 1192, zu der zeit (   ) des dritten Kreuzzugs: Es herrscht in angespannter Athmosphäre (   ) eine Atempause im erbitterten Kampf zwischen Christen und Muslimen um die Vorherrschaft in der Stadt. Der muslimische Herrscher Saladin hat mit den christlichen Kreuzfahrern ein Waffenstillstantsabkommen (   ) getroffen, welches

5 von den Tempelrittern (Tempelherren) gebrochen wurde. Saladin will das schweigen (   ) der Waffen wiederherstellen und durch geschickte Heiratspolitik festigen.

Drei angesichts dieses fragielen (   ) Friedenszustands aussergewöhnliche (   ) Taten gehen der Dramenhandlung voran: Der Jude Nathan hat nach dem von Christen verübten Mord an seiner Famielie (   ) die christlich getaufte Tochter seines Freundes Wolf

10 von Filnek aufgenommen und erzieht sie seitdem als seine eigene Tochter. Sultan Sala-

din hat nach einem Teilsieg über christliche Angreifer einen einzigen christlichen Tem-

pelherrn begnadigt, weil dieser seinem verschollenen Bruder Assad ähnelt. Besagter

Tempelher ( ) widerum ( ) hat das mitlerweile ( ) jugendliche Mädchen, Recha, die

vermeindliche ( ) Tochter Nathans, aus den Flammen des brennenden hauses ( )

15 Nathans gerettet, ohne das ( ) er dabei an die Gefahr für sein eigenes Leben gedacht

hat. Als Nathan heim kehrt ( ), erfährt er von Daja, der christlichen Gesellschafterin

seiner Tochter, von der Rettungstat und will dem Tempelherrn seinen Danck ( ) bezäu-

gen ( ). Dies erweißt ( ) sich jedoch angesichts von dessen tief verwurzelten anti-

jüdischen Vorurteilen als schwierig und gelingt Nathan im folgenden ( ) erst nach ei-

20 nem intensiven und auf seiner Seite von Sympatie ( ) geprägten Gespräch zwischen

den Beiden ( ).

Rechtschreibprobleme durch einfache Verfahren lösen

Es ist wichtig, die zentralen **Regeln der Rechtschreibung** zu kennen. In vielen Fällen können Sie jedoch auch **einfache Verfahren** anwenden, wenn Sie sich bei der Schreibweise von Wörtern unsicher sind, z. B.:

- die Schreibweise durch Ableiten und Verlängern des Wortes herausfinden (Gang – Gänge, beweist – beweisen, gefährlich – Gefahr)
- die Bedeutung von Wörtern und Silben unterscheiden (endlich – enttäuschen, wiederkommen – sich widersetzen, die Wahl – der Wal)
- deutlich sprechen und genau hinhören (er fährt – das Pferd)
- Wortarten unterscheiden und grammatisches Wissen einsetzen (im Folgenden = Nomen/Substantiv, dass = Konjunktion)
- Merksätze anwenden wie:
  - „Nach l, m, n, r, das merke ja, steht nie tz und nie ck!" (Arzt, krank)
  - „Wer *nämlich* mit h schreibt, ist nicht ..., hat aber einen Fehler gemacht."
  - „*Gar nicht* und *überhaupt nicht* werden gar nicht und überhaupt nicht zusammengeschrieben."
  - „Kurz, betont und einfach, macht oft den Konsonanten zweifach." (fallen, grelles Licht)
  - „Kann man *dieses*, *welches*, *jenes* einsetzen, wird *das* mit einfachem s geschrieben." Das Haus, das ...
  - ...
- Wenn Sie sich unsicher sind, sollten Sie in jedem Fall im Wörterbuch nachschlagen.

1. Im Folgenden finden Sie den zweiten Teil der Inhaltsangabe zu Lessings Drama. Schauen Sie sich die oben beschriebenen einfachen Verfahren noch einmal an und tragen Sie die fehlenden Buchstaben ein. Wenn Sie sich nicht sicher sind, schauen Sie in einem Wörterbuch nach.

Gotthold Ephraim Lessing: Nathan der Weise – Eine Inhaltsangabe (2. Teil)

Der Tempelherr w___dersetzt sich nicht mehr, willigt in ein W___dersehen mit Recha in Nathans Haus ein und verlie___t sich sogleich in sie. Als er Nathan stürmisch um die Hand von dessen vermeintlicher Tochter bi___et und dieser ihm diesen Wunsch nicht sogleich gew___hren will, stellt er die gerade gewo___ene Freun___schaft w___der infra-
5 ge. Nathan hat zu diesem Zeitpun___t bereits den Verdacht, da___ der Tempelherr Rechas Bruder sein könnte. Derweil hat Sultan Saladin finan___ielle Schwierigkeiten. Seine Schwester Sittah wei___ von dem ___agenhaften Reichtum Nathans, den man auch „den Wei___en" nennt. Sie erden___t einen Plan, um an sein Gel___ zu kommen: Saladin solle ihn unter dem Vorwan___ in den Palast lo___en, von ihm die Antwort auf die Frage
10 nach der wahren Religion erfahren zu wollen. Durch diese verf___ngliche Frage in die Enge gedr___ngt, wäre es ein ___eichtes, an sein Geld zu kommen.

Im Pala___t antwortet Nathan dem Sultan im ___olgenden mit einem „Märchen", der sogenannten „Ringparabel". Er vergleicht dabei die Streitigkeiten um die wa___re Religion mit einem Er___streit von drei Söhnen um einen Ring. Dieser hat die Kraft, seinen
15 Tr___ger vor Gott und den Menschen angenehm zu machen. Ein Vater hat aus Liebe zu seinen Söhnen zwei weitere Ringe an___ertigen la___en und ihnen auf dem Sterbebett je einen davon vererbt. Ein hinzugezogener Richter verweigert das Urteil, vertagt die En___scheidung um „tausend, tausend Jahre" und gi___t den Söhnen den Ra___, die Echthei___ ihres Rings bis dahin durch gute Taten an den Menschen zu erweisen. Sala-
20 din reag___rt besch___mt und bittet um Nathans Freundschaft. Dieser nimmt an und bietet dem Sultan freiwilli___ sein Geld, einen Kred___t, an.

Daja, die um die christliche Herkunft Rechas wei___, will diese mit dem Tempelherrn verku___eln, weil sie hofft, da___ sie dann mit ___eiden in ihre Heimat Europa zurückkehren
25 kann. Als christliche ___anati___erin fürchtet sie zudem um das ewige Seelenheil der getauften Christin und will sie ihrer wahren Rel___gion zuführen. Als sie von Nathans zögerlicher Rea___tion hört, eröffnet sie dem Tempelherrn die Wahrheit über die christliche He___kunft Rechas. Dieser wendet sich
30 sogleich Rat suchend an den christlichen Patriarchen von Jerusalem, nennt aber nicht Nathans Namen. Der Patriarch, dem die Annahme des Christenkindes durch einen Andersgl___bigen als Sünde erscheint, will den ungenannten Juden sogleich finden und verbrennen lassen. Er schickt seinen un-
35 wi___igen Boten, den Klosterbruder, aus, um ihn zu suchen.

Moritz Daniel Oppenheim: Die Betrachtung der Ringe, 1845

Getrennt oder zusammen?

Verbindungen mit einem Verb

Regel

Verbindungen aus einem Nomen/Substantiv und einem Verb

1	Verbindungen aus einem Nomen/Substantiv und einem Verb werden in der Regel getrennt geschrieben.	**Auto fahren, Ski laufen, Spannung erzeugen, Kraft rauben**
2	Wenn eine Verbindung aus einem Nomen/Substantiv und einem Verb wie ein Adjektiv gebraucht wird und z. B. als Attribut ein Nomen/Substantiv näher bestimmt, können Sie getrennt oder zusammenschreiben.	**Kraft raubende** Tätigkeiten/ **kraftraubende** Tätigkeiten
3	Wird der Ausdruck insgesamt als Nomen/Substantiv gebraucht, müssen Sie groß- und zusammenschreiben.	das **A**utofahren, beim **S**kilaufen
4	In einigen Fällen bilden ein ursprüngliches Nomen/Substantiv und ein Verb eine Zusammensetzung, weil das Nomen/Substantiv nicht mehr als eigenständiges Wort angesehen wird.	**leidtun, eislaufen, teilnehmen, heimkommen** Es **tut** mir **leid.**

Verbindungen mit dem Hilfsverb sein

5	Verbindungen mit dem Hilfsverb *sein* werden immer getrennt geschrieben.	– **da sein, hier gewesen** – Er wird um 17:00 Uhr **zurück sein.**

Verbindungen aus zwei Verben

6	Verbindungen aus zwei Verben werden in der Regel getrennt geschrieben.	– **schwimmen gehen, lesen lernen,** (auf dem Stuhl) **sitzen bleiben, holen lassen**
7	Verbindungen mit den Verben *lassen* und *bleiben* können dann zusammengeschrieben werden, wenn sich eine neue, übertragene Bedeutung ergibt. Auch bei der Verbindung *kennenlernen/ kennen lernen* ist die Schreibweise freigestellt.	– in der Schule **sitzenbleiben/ sitzen bleiben** – jemanden links **liegenlassen/ liegen lassen**

Verbindungen aus einem vorangestellten Adjektiv und einem Verb

8	Verbindungen aus einem vorangestellten Adjektiv und einem Verb werden in der Regel getrennt geschrieben.	– **laut lachen, ruhig bleiben, grün anmalen,** beim Referat **frei sprechen**
9	Zusammenschreiben <u>müssen</u> Sie dann, wenn Adjektiv und Verb eine neue, übertragene Bedeutung ergeben.	– sich **kranklachen** – eine Entscheidung **freistellen**
10	Verbindungen aus einem Verb und einem vorangestellten Adjektiv können sowohl getrennt als auch zusammengeschrieben werden, wenn das Adjektiv ein Ergebnis des im Verb ausgedrückten Vorgangs bezeichnet.	– **kaputtmachen/kaputt machen** – **kleinschneiden/klein schneiden** – **blankputzen/blank putzen**

1. Schauen Sie sich die Regeln zuvor noch einmal genau an und schreiben Sie die Sätze in der richtigen Form auf.

● Bist du schon einmal HIERGEWESEN?

_____

- Wer täglich eine halbe Stunde RADFÄHRT, lebt gesünder.

  _____

- Es wird ihr noch LEIDTUN, dass sie sich so wenig bewegt.

  _____

- Das THEATERSPIELEN hat sie bereits im Kindergarten geliebt.

  _____

- Wer SCHWARZARBEITET, verstößt gegen das Arbeitsrecht.

  _____

- Wir werden alle an dem Wettkampf TEILNEHMEN.

  _____

- Ella hat ihr Rad SCHWARZANGESTRICHEN.

  _____

- Durch den Unfall wurde der gesamte Verkehr LAHMGELEGT.

  _____

- Du solltest das Essen zunächst auf dem Herd WARMMACHEN.

  _____

- Die EISENVERARBEITENDE Industrie hat mit Verlusten zu kämpfen.

  _____

- Ich habe meine Freundin im Urlaub KENNENGELERNT.

  _____

- Manche Pädagogen befürworten, dass Kinder bereits im Kindergarten LESENLERNEN,
  und sie fordern, dass das SITZENBLEIBEN in der Schule abgeschafft wird.

  _____

  _____

- Die Führerscheinprüfung ist schon wieder SCHIEFGEGANGEN.

  _____

Regel

Die Partikel *zu* in Verbindung mit Verben

Eine haufige Fehlerquelle ist die Zusammen- oder Getrenntschreibung der Partikel *zu* in Verbindung mit Verben. Dieses Rechtschreibproblem taucht vor allem in **Infinitivgruppen** (s. S. 96 f.) auf.

1. Getrennt geschrieben wird, wenn **die Partikel *zu* vor einem einfachen Verb** im Infinitiv steht.
   Beispiel: Marie versuchte, laut **zu rufen**, aber ihr versagte die Stimme. (Infinitiv: rufen)
   Versuch bitte, bei deinem Referat frei **zu sprechen**. (Infinitiv: sprechen)

2. Handelt es sich um ein **zusammengesetztes Verb**, steht in Infinitivgruppen **die Partikel *zu*** meistens zwischen den beiden Bestandteilen des Verbs, und es wird zusammengeschrieben.

Beispiel: Ella versuchte, ihren Freund **anzurufen**. (Infinitiv: anrufen)

Sie hatten die Absicht, noch am Abend **herabzusteigen**. (Infinitiv: herabsteigen)

Die Richterin hatte nicht die Absicht, den Angeklagten **freizusprechen**. (Infinitiv: freisprechen)

3. In einigen Fällen wird **die Partikel *zu* getrennt von einem zusammengesetzten Verb** geschrieben. Das ist dann der Fall, wenn der vom Verb gebildete Teil deutlich betont ist.

Beispiel: Versuchen Sie bitte, die Baustelle weiträumig **zu umfahren**. (Infinitiv: umfahren)

Er verspricht, ihm das Buch **zu überlassen**. (Infinitiv: überlassen)

2. Im Folgenden finden Sie die Fortsetzung der Inhaltsangabe zu Lessings Drama „Nathan der Weise". Schreiben Sie die entsprechenden Verbindungen mit der Partikel *zu* jeweils über den großgeschriebenen Ausdruck.

Gotthold Ephraim Lessing: Nathan der Weise – Eine Inhaltsangabe (3. Teil)

Saladin mutmaßt, dass der Tempelherr der Sohn seines Bruders Assad und einer Christin und somit sein Neffe ist. Als dieser ihn aufsucht, bietet er ihm deshalb an, im Palast ZUBLEIBEN, ist dann aber über seinen Bericht über die jüngsten Ereignisse entsetzt. Zwar will er den Tempelherrn darin unterstützen, Recha zur Frau ZUBEKOMMEN, findet aber

5 den Groll des Tempelherrn auf Nathan unverhältnismäßig. Seine Schwester Sittah schlägt vor, Recha in den Palast HOLENZULASSEN.

Nathan (Peter Fitz) und der Tempelritter (Markus Meyer), Berliner Ensemble, 2002

Der Klosterbruder findet Nathan in seinem Haus. Statt ihn AUSZULIEFERN, will er ihn

warnen. Er berichtet von seiner eigenen Verwicklung in die Geschichte: Er selbst sei damals

Reitknecht eines Mannes namens Wolf von Filnek gewesen und habe sich entschlossen, das

10 Mädchen Nathan ZUÜBERGEBEN. Nathan ist erleichtert und erzählt dem Klosterbruder

von dem Verlust seiner Familie in den Flammen und den darauf folgenden Hassgefühlen

auf die Christen. Die Stimme der Vernunft habe ihn damals aufgefordert, sich wieder

AUFZURICHTEN. Sich um das Mädchen ZUKÜMMERN, das sei ein Zeichen seiner Gott-

ergebenheit. Der Klosterbruder zollt Nathan höchstes Lob und versichert ihm, dass die

15 Geschichte noch ein gutes Ende nehmen könne. Er habe von dem Vater des Mädchens ein

Buch mit einem Stammbaum darin. Er verspricht, es Nathan ZUÜBERLASSEN.

Als Nathan erfährt, dass Recha in den Palast geholt wurde, eilt er sogleich hinterher. Auf dem

Weg trifft er auf einen zerknirschten Tempelherrn, der zugibt, ihn beinahe VERRATENZU-

HABEN. Stürmisch bittet der Tempelherr ihn erneut darum, ihm die Hand seiner Tochter

20 ZUGEBEN. Nathan wiegelt ab und veweist auf einen Bruder, den er zuerst fragen müsse und

den er im Palast antreffen könne.

Soweit oder so weit – Konjunktion oder andere Wortart?

Regel

Bei Ausdrücken dieser Art müssen Sie unterscheiden, ob es sich um eine **Konjunktion**, die einen Nebensatz/ Gliedsatz (mit einem finiten Verb am Ende) einleitet, oder um eine andere Wortart, z. B. ein **Adverb** oder ein **Fragepronomen**, handelt.

1. Konjunktionen, die u. a. aus den **Partikeln so** oder **wie** bestehen, werden mit den anderen Bestandteilen zusammengeschrieben. Die häufigsten Konjunktionen sind: **sobald, soweit, sofern, soviel, wieweit, inwieweit** Beispiel: Sie will, **soweit** ich weiß, noch heute kommen.
   Es ist nicht klar, **inwieweit** das Projekt zu Ende geführt werden kann.
   Sobald es regnet, brechen wir das Unternehmen ab.

2. In allen anderen Fällen schreibt man diese Verbindungen **getrennt**.
   Beispiel: Sie liefen **so weit** ins Watt hinaus, dass sie die Küste kaum noch sehen konnten.
   Wie weit seid ihr heute gelaufen? **Wie viele** Kilometer habt ihr euch für morgen vorgenommen?
   Er wird **so bald** nicht zurückkehren.

3. Schreiben Sie die folgenden Sätze in der richtigen Form auf.

- Er wird, SOWEIT man das heute schon sagen kann, den Wettkampf gewinnen.

- Ich zweifle, WIEWEIT ich mich darauf verlassen kann.

  _____

- WIEWEIT ist es eigentlich noch?

  _____

- Er will, SOFERN es seine Zeit zulässt, ihr einen Besuch abstatten.

  _____

- Sie will ihn SOBALD nicht wiedersehen.

  _____

- WIELANGE dauert es denn noch?

  _____

- Er schläft, SOVIEL ich weiß, heute zu Hause.

  _____

4. Im Folgenden ist der Schlussteil der Inhaltsangabe zu Lessings Drama „Nathan der Weise" abgedruckt. Tragen Sie die fehlenden Buchstaben ein.

Gotthold Ephraim Lessing: Nathan der Weise – Eine Inhaltsangabe (4. Teil)

Als sie dort angelangen, finden sie Recha völli___ aufgelö___t vor. Daja habe ihr, (SOBALD) _____ die ___elegenheit dazu gewesen sei, eröffnet, da___ Nathan nicht ihr Vater sei. Dieser bejaht dies (SOWEIT) _____, bietet ihr jedoch weiterhin seine geistige Vaterschaft an.

5 Auf die en___täuschte Rea___tion des Tempelherrn, dem Recha weni___ Beachtung schen___t, reagiert Nathan mit der Aufkl___rung der wahren Verwandtschaftsverhältni___e. Die beiden seien tats___chlich Geschwister und Kinder seines damaligen Freundes Wolf von Filnek. Dieser habe sie nach dem To___ seiner Frau und angesichts des Krieges in fremde Obhut geben mü___en.

10 Des ___eiteren vergewi___ert sich Saladin bei Nathan, da___ es sich bei Wolf von Filnek um seinen verscho___enen Bruder Assad handelt. Er erkennt im gleichen Augenbli___ die Geschwister als Teile seiner Fam___lie an. Es wird deutlich, da___ der Jude, die Christen und die Muslime einer großen Familie angehören. Alle umarmen sich gegenseitig und erkennen, da___ sie gemeinsame Wur___eln haben und aufeinander ange-

15 wie___en sind. (INWIEWEIT) _____ der Zuschauer dieses Ende nachvollziehen kann, bleibt ihm überlassen.

(2011)

Groß- und Kleinschreibung

Regel

Großschreibung – Regeln im Überblick

1	Nomen/Substantive schreibt man groß. Das gilt auch für Eigennamen. Alle anderen Wortarten, die ansonsten kleingeschrieben werden, schreibt man dann groß, wenn sie wie ein Nomen/Substantiv im Satzzusammenhang verwendet werden. Häufig steht ein Begleiter davor, der das Wort deutlich als Nomen/Substantiv kennzeichnet.	– Haus, **R**aum – Das **S**chreiben fällt ihm schwer. – Im **F**olgenden beschreibt er … – Sie wünscht ihm alles **G**ute. – Als **E**inzige gelingt ihr … – Des **W**eiteren erkläre ich … – Wir stimmen ohne **W**enn und **A**ber zu.
2	Herkunfts- und Ortsbeschreibungen auf *-er* werden großgeschrieben. Herkunfts- und Ortsbezeichnungen auf *-isch* werden nur dann großgeschrieben, wenn es sich um Eigennamen handelt.	– der **H**amburger Hafen – das **P**aderborner Brot – der **P**azifische Ozean – der **T**rojanische Krieg
3	Zeitangaben in der Form eines Nomens/Substantivs schreibt man immer groß.	– des **A**bends – am **D**ienstagnachmittag – gestern **M**orgen
4	Das Wort **Mal** wird großgeschrieben, wenn es Teil einer Wortgruppe ist und als Nomen/Substantiv gebraucht wird.	– ein einziges **M**al – zum achten **M**al – jedes **M**al
5	Das höfliche Anredepronomen **Sie** und das entsprechende Possessivpronomen **Ihr** werden in allen Formen großgeschrieben.	– Sie sagte: „Können **S**ie mir nicht etwas mehr Zeit geben?" – Er antwortete: „Teilen **S**ie sich **I**hre Zeit doch besser ein!"

Kleinschreibung – Regeln im Überblick

6	Außer Nomen/Substantiven werden alle Wortarten kleingeschrieben.	– **g**ehen, **h**eute, **g**roß, **n**icht, **h**ier
7	Adjektive, die sich auf ein vorhergehendes Nomen/Substantiv beziehen, werden kleingeschrieben.	– Er ließ sich mehrere Computer zeigen, vor allem die **l**eistungsstarken interessierten ihn.
8	Die unbestimmten Zahlwörter *ein bisschen* und *ein paar* (= einige) werden immer kleingeschrieben. Das gilt auch für den Ausdruck die **beiden, beide** und **zum einen – zum anderen**.	– Hast du ein **p**aar Minuten Zeit? – Darf es ein **b**isschen mehr sein? – Die **b**eiden trafen sich immer wieder.
9	Die nebenstehenden Zahlwörter und Mengenangaben werden in der Regel kleingeschrieben. Werden sie wie ein Nomen/Substantiv gebraucht, kann auch großgeschrieben werden.	– **v**iel, das **v**iele, **w**enig, das **w**enige, die **m**eisten, der **e**ine, die **a**ndere, nichts **a**nderes – Die **M**eisten aus der Klasse entschieden sich für eine Kanutour.
10	Orts- und Herkunftsbezeichnungen auf *-isch* werden kleingeschrieben, wenn sie nicht Bestandteil eines Eigennamens sind.	– **i**ndische Gewürze – **w**estfälische Eigenarten
11	Zeitangaben in der Form eines Adverbs schreibt man klein.	– **g**estern, **h**eute, **m**orgen, **d**onnerstagnachmittags

12	Wörter mit dem Wortbaustein *-mal* werden kleingeschrieben, wenn es Adverbien sind. Ein Tipp: Fast immer ist der erste Wortbestandteil betont. Soll der Bestandteil *-mal* betont werden, kann auch getrennt und großgeschrieben werden.	– **ei**nmal, **ze**hnmal, **nie**mals, **of**tmals – Drei **M**al hast du mich bereits versetzt.
13	Die persönlichen Anredepronomen *du* und *ihr* und die Possessivpronomen *dein* und *euer* werden in der Regel kleingeschrieben. In Briefen können Sie auch die Großschreibung wählen.	– Hast **d**u die Datei auf **d**einem PC gespeichert? – Liebe Marie, hast **D/d**u heute Abend Zeit? ...

Groß oder klein – Regeln im Überblick

14	Die Wörter *recht/Recht* und *unrecht/Unrecht* können in Verbindung mit Verben wie *behalten, bekommen, geben, haben, tun* klein- oder großgeschrieben werden. Wird das Wort *Recht* deutlich als Nomen/Substantiv verwendet, wird es großgeschrieben.	– Du willst immer **R/r**echt haben. – sein **R**echt bekommen, **R**echt sprechen, im **R**echt sein
15	Feste Verbindungen aus einer Präposition und einem deklinierten (gebeugten) Adjektiv ohne vorangestellten Artikel kann man groß- oder kleinschreiben.	– von **N**euem/von **n**euem – von **W**eitem/von **w**eitem – bis auf **W**eiteres/bis auf **w**eiteres – seit **L**ängerem/seit **l**ängerem

1. Schreiben Sie die folgenden Sätze, die sich alle auf Lessings Drama „Nathan der Weise"
beziehen, in der richtigen Form auf. Lesen Sie zuvor noch einmal sorgfältig die Regeln zur
Groß- und Kleinschreibung.

● Als sich Nathan und der Tempelherr ZUMERSTENMAL treffen, lehnt der Kreuzritter
den Dank für das ERRETTEN Rechas aus dem Feuer unhöflich ab.

_____

_____

● DESWEITEREN beleidigt er ihn sogar.

_____

● Nathan versucht jedoch immer wieder VONNEUEM, die Beziehungsebene positiv
zu gestalten.

_____

_____

● Zum EINEN begegnet er dem Tempelherrn verbal mit großem Verständnis, zum
ANDEREN zeigt er auch eine BESONDERE Geste, indem er seinen Mantel berührt.

_____

_____

● Am Ende der Szene nähern sich die BEIDEN sogar ein BISSCHEN an.

_____

- Das BESONDERE an Nathan ist, wie sich auch im FOLGENDEN zeigen wird, seine große Menschenfreundlichkeit.

_____

_____

- Der JERUSALEMER Patriarch ist im Gegensatz dazu ein Mensch, der immer RECHT haben will, auch wenn er im UNRECHT ist und grausam entscheidet.

_____

_____

- Von ihm geht etwas BEDROHLICHES aus, auch wenn er sich bei seinen wenigen Auftritten JEDESMAL den Schein der Menschenzugewandtheit gibt.

_____

_____

- Letztlich verheißt seine fassadenhafte Freundlichkeit nichts GUTES.

_____

- Die fiktive Figur des Sultans Saladin hat ein historisches Vorbild, nämlich den ISLA-MISCHEN Herrscher Salah-Ed-Din.

_____

_____

- Zur Vorgeschichte der Dramenhandlung gehört, dass Saladin den Tempelherrn nach seinem Sieg über die Kreuzritter als EINZIGEN begnadigt hat, weil ihn sein ÄUßE-RES an seinen Bruder Assad erinnert.

_____

_____

_____

- Das AUFFÄLLIGE am Schluss des Schauspiels ist, dass Nathan bei der Umarmung ALLER in der Beobachterrolle verbleibt.

_____

_____

Das oder dass – Artikel, Pronomen oder Konjunktion?

Regel

1 **„das" geschrieben**
Der **Artikel**, das **Demonstrativpronomen** und das **Relativpronomen** _das_ werden immer mit einfachem s geschrieben.
Im Satzzusammenhang kann _das_ durch _dieses_, _welches_ oder _jenes_ ersetzt werden.

Das Ereignis verwundert ihn. (Artikel)
Erstaunlich ist **das** nicht. (Demonstrativpronomen)
Das Referat, **das** eine Stunde dauerte, war äußerst interessant. (Relativpronomen)

> **2** „dass" geschrieben
> Die **Konjunktionen** *dass, sodass (so dass), auf dass, anstatt dass*, die einen Nebensatz/Gliedsatz einleiten, werden mit ss geschrieben.
>
> Auffällig ist, **dass** der Protagonist in der Gestalt eines Käfers ein menschliches Bewusstsein hat. (Konjunktion)
> **Anstatt dass** er protestiert, zieht er sich in sein Zimmer zurück. (Konjunktion)

1. Tragen Sie in den folgenden Sätzen *das* oder *dass* ein und vermerken Sie in den Klammern, um welche Wortart es sich jeweils handelt (Artikel = A, Demonstrativpronomen = D, Relativpronomen = R oder Konjunktion = K). Die Sätze sind Zitate aus der Erzählung „Die Verwandlung" von Franz Kafka. Eine vollständige Inhaltsangabe finden Sie im Anschluss an diese Übung.

- „Über dem Tisch, auf dem eine auseinandergepackte Musterkollektion von Tuchwaren ausgebreitet war – Samsa war Reisender – hing _____ ( ) Bild, _____ ( ) er vor Kurzem aus einer illustrierten Zeitung ausgeschnitten und in einem hübschen, vergoldeten Rahmen untergebracht hatte." (S. 5)

- „Gregors Blick richtete sich dann zum Fenster, und _____ ( ) trübe Wetter – man hörte Regentropfen auf _____ ( ) Fensterblech aufschlagen – machte ihn ganz melancholisch." (S. 5)

- „‚Wie wäre es, wenn ich noch ein wenig weiterschliefe und alle Narrheiten vergäße', dachte er, aber _____ ( ) war gänzlich undurchführbar, denn er war gewöhnt, auf der rechten Seite zu schlafen, konnte sich aber in diesem gegenwärtigen Zustand nicht in diese Lage bringen." (S. 5 f.)

- „Sollte der Wecker nicht geläutet haben? Man sah vom Bett aus, _____ ( ) er auf vier Uhr richtig eingestellt war; gewiss hatte er auch geläutet." (S. 7)

- „Wie nun, wenn er sich krank meldete? _____ ( ) wäre aber äußerst peinlich und verdächtig, denn Gregor war während seines fünfjährigen Dienstes noch nicht einmal krank gewesen." (S. 7)

- „Gregor erschrak, als er seine antwortende Stimme hörte, die wohl unverkennbar seine frühere war, in die sich aber, wie von unten her, ein nicht zu unterdrückendes, schmerzliches Piepsen mischte, _____ ( ) die Worte förmlich nur im ersten Augenblick in ihrer Deutlichkeit beließ, um sie im Nachklang derart zu zerstören, _____ ( ) man nicht wusste, ob man recht gehört hatte." (S. 8)

- „Aber durch _____ ( ) kleine Gespräch waren die anderen Familienmitglieder darauf aufmerksam geworden, _____ ( ) Gregor wider Erwarten noch zu Hause war, und schon klopfte an der einen Seite der Vater, schwach, aber mit der Faust." (S. 8)

- „Zunächst wollte er ruhig und ungestört aufstehen, sich anziehen und vor allem frühstücken, und dann erst _____ ( ) Weitere überlegen, denn, _____ ( ) merkte er wohl, im Bett würde er mit dem Nachdenken zu keinem vernünftigen Ende kommen." (S. 8)

2. Im Folgenden finden Sie eine Inhaltsangabe zu Kafkas Erzählung „Die Verwandlung". Tragen Sie die fehlenden Artikel, Pronomen oder Konjunktionen ein.

Alexandra Wölke
Franz Kafka: Die Verwandlung – Eine Inhaltsangabe

Die Erzählung „Die Verwandlung" von Franz Kafka, entstanden im Jahre 1912 und erstmals erschienen im Jahre 1915 im Oktavheft der expressionistischen Zeitschrift „Die weißen Blätter", thematisiert _____ Problem der Entfremdung des Einzelnen von sich selbst und der Gemeinschaft am Beispiel eines immer weiter eskalierenden Konflikts in einer Familie, der

5 sich an einer unheimlichen Verwandlung des Sohnes entzündet.

Erzählt wird die Geschichte des Junggesellen Gregor Samsa, der, zusammen mit seinen Eltern und seiner Schwester Grete in einer Wohnung lebend, sich aus ungeklärter Ursache in ein riesiges Ungeziefer verwandelt hat. Diese Metamorphose verändert nicht nur sein Leben in entscheidender Weise, sondern auch _____ der übrigen Familienmitglieder, deren Le

10 bensweise von den Bindungen zueinander sowie gegenseitigen Abhängigkeiten geprägt ist. Ist es vor seiner Verwandlung Gregor, der als einziger Verdiener der Familie für deren Unterhalt aufgekommen ist, so fällt er in der Funktion des Ernährers und damit zugleich als _____ scheinbare Familienoberhaupt aus.

Weil er nicht pünktlich zur Arbeit erschienen ist, stattet Gregors Vorgesetzter der Familie

15 Samsa einen Kontrollbesuch ab. Während die Familienmitglieder auf unterschiedliche Art und Weise zu erreichen versuchen, _____ Gregor seine Zimmertür öffnet, kann dieser mit seiner verwandelten Gestalt noch nicht umgehen und schafft es nur unter großen Anstrengungen und Schmerzen, eine menschliche Körperhaltung einzunehmen und mit dem dafür ungeeigneten Insektenkiefer die Tür zu öffnen. Da die

20 Anwesenden Gregors Absicht, sich zur Aufklärung der Situation zu zeigen, nicht erkennen, kommt es zum Eklat. Schließlich wird Gregor durch väterliche Gewalteinwirkung in sein Zimmer zurückgetrieben und darin eingeschlossen.

25 Obwohl sich der Protagonist im Laufe der Zeit, unterstützt durch _____ zunächst fürsorgliche Bemühen der Schwester Grete, an seinen Tierkörper mit seinen neuen Bedürfnissen gewöhnt, wird er angesichts seiner nunmehr parasitären[1] Rolle in der Familie von Schuldgefühlen geplagt. Es

30 stellt sich jedoch heraus, _____ die finanzielle Situation

Titelblatt der Erstausgabe

---

[1] Ein **Parasit** ist ein Organismus, der an oder in einem anderen Organismus lebt und seine Nahrung oder andere Leistung ohne gleichwertige Gegenleistung von seinem Wirt bezieht. Ein parasitäres Dasein bedeutet also ein Leben auf Kosten anderer.

weniger besorgniserregend ist als zunächst befürchtet, da Gregors Vater unbemerkt ein kleines Vermögen beiseitegeschafft hat, so＿＿＿ die Familie ihren Lebensstandard zunächst aufrechterhalten kann.

Ein Versuch Gretes, ＿＿＿ Zimmer Gregors, ＿＿＿ er bisher als Mensch bewohnt hat,
35 auszuräumen, um es seiner tierischen Seinsweise anzupassen und ihm Bewegungsfreiheit zu ermöglichen, endet schließlich erneut in einem offenen Vater-Sohn-Konflikt: Als die zunächst zögernde Mutter doch schließlich beim Ausräumen des Zimmers hilft, verteidigt Gregor seine liebste Habe, ein Bild, ＿＿＿ eine Dame im Pelz zeigt, indem er sich darauf setzt. In der Folge fällt die Mutter in Ohnmacht. Der Versuch, die Situation zu klären, führt
40 dazu, ＿＿＿ sich Gregor erneut aus seinem Zimmer wagt. Der heimkehrende Vater jedoch deutet, motiviert durch eine Bemerkung Gretes, ＿＿＿ Verlassen des Zimmers als einen Ausbruchsversuch und bombardiert ihn mit Äpfeln. Einer von diesen dringt so tief in den gepanzerten Rücken ein, ＿＿＿ er dort stecken bleibt und langsam verfault.

Während Gregor ernsthaft verletzt in seinem Zimmer verweilt und sich ＿＿＿ Befinden des
45 Protagonisten dramatisch verschlechtert, wächst die Selbstständigkeit und Unabhängigkeit der Familie von ihrem einstigen Ernährer durch die Erwerbsarbeit aller Familienmitglieder. Die Notwendigkeit, ＿＿＿ Gregor gepflegt werden muss und ＿＿＿ ihm ein Platz in der Familie gebührt, wird zunehmend als Belastung empfunden, was eine Einschränkung der Hilfeleistungen zur Folge hat. Die Vernachlässigung führt bei Gregor zum ersten Mal zu
50 offener Wut auf seine Familie. Die Schwester, die nun zunehmend durch ihre Arbeit und die Teilnahme an verschiedenen Kursen in Anspruch genommen wird, wird nun im Haushalt durch die Einstellung einer Hausangestellten entlastet, zu deren Aufgabenbereich auch ＿＿＿ Pflegen Gregors gehört.

Zu einem letzten, offenen Konflikt kommt es schließlich dadurch, ＿＿＿ sich Gregor,
55 angelockt durch ＿＿＿ Violinspiel der Schwester, den drei Untermietern zeigt, die die Samsas zur Verbesserung ihrer finanziellen Lage aufgenommen und seitdem sehr unterwürfig bedient haben. Mit Verweis auf die widerlichen Verhältnisse kündigen sie die Wohnung. In einem sich anschließenden Gespräch innerhalb der Familie fordert Grete energisch dazu auf, ＿＿＿ Ungeziefer, in dem sie nicht mehr ihren Bruder erkennen kann,
60 zu beseitigen. Im Einverständnis mit diesem Todesurteil zieht sich Gregor beschämt in sein Zimmer zurück und stirbt. Die Familie reagiert erleichtert, kündigt der alten Bedienerin und wirft mit sofortiger Wirkung die Zimmerherren heraus. Anstatt ＿＿＿ sie zur Arbeit gehen, machen die drei einen Ausflug und schmieden Zukunftspläne.

(2013)

Zeichensetzung – Das Komma

Kommaregeln im Überblick

Das Komma

	in Aufzählungen		bei Anreden und Ausrufen		bei Einschüben und nachgestellten Erläuterungen	bei Infinitivgruppen	in Satzgefügen	
	1	2	3	4	5	6	7	8
Regel	Das Komma steht zwischen gleichrangigen, unverbundenen Wörtern und Wortgruppen.	Das Komma steht zwischen gleichrangigen, unverbundenen Sätzen (auch Gliedsätzen/Nebensätzen).	Das Komma steht vor entgegensetzenden Konjunktionen.	Anreden, Ausrufe oder Ausdrücke, die eine Stellungnahme (Bedauern, Zustimmung …) des Schreibers/der Schreiberin verdeutlichen, werden durch Komma abgetrennt.	Einschübe oder nachgestellte Erläuterungen werden durch Komma vom übrigen Satz abgetrennt.	Das Komma trennt in der Regel Infinitivgruppen vom übergeordneten Satz ab. Es muss gesetzt werden, wenn ein Wort im übergeordneten Satz auf die Infinitivgruppe hinweist. Es muss auch gesetzt werden, wenn die Infinitivgruppe mit *um zu*, *anstatt zu*, *ohne zu* … eingeleitet wird.	Das Komma steht zwischen Haupt- und Gliedsatz/Nebensatz.	Das Komma trennt Gliedsätze/Nebensätze, die voneinander abhängig sind.
Beispiele	• Im Regal stehen: Romane, Sachbücher, CDs. • Sie liest das Buch, schreibt eine Rezension und widmet sich dem nächsten Werk.	• Rosalie liest, Julia arbeitet, Mike schläft und Jonas kümmert sich um das Frühstück. • Ich bleibe, weil es schneit, weil kein Bus mehr fährt und weil es mir bei euch gut gefällt.	• Er kam nicht, aber er rief wenigstens an. • Ich möchte nicht nur einen Tag, sondern eine Woche bleiben.	• Paul, kommst du mit? • Mist, jetzt ist schon wieder der PC abgestürzt. • Mir fällt nichts ein, leider.	• Die Prüfung, es war meine erste, ist sehr gut verlaufen. • Ich komme bereits morgen, und zwar mit dem Fahrrad. • Sie liest fast alles, außer Fantasy-Geschichten.	• Sie erinnert ihn *daran*, die Unterlagen mitzubringen. • Die gute *Idee*, eine Arbeitsgruppe zu bilden, stammt von Ella. • Sie geht in die Unibibliothek, *um* sich Material für das Referat *zu* besorgen.	• Ich mag dich, weil du so freundlich bist. • Paul fragte ihn, was für eine Idee er habe. • Sie weiß noch nicht, ob sie kommen kann.	• Weil ihr das Buch, das er ihr geschenkt hat, so gut gefällt, hat sie es zweimal gelesen.

Die Regeln der Kommasetzung – Kennen Sie sich aus?

1. Im Folgenden finden Sie den ersten Teil einer Inhaltsangabe zu der Tragödie „Antigone" des antiken Dichters Sophokles. Schauen Sie in der Übersicht zuvor nach und versuchen Sie stichwortartig schriftlich zu erklären, warum die mit einer Hochzahl versehenen Kommas gesetzt werden müssen. Erscheint zweimal die gleiche Zahl, bedeutet dieses, dass die Kommas aus einer Regel resultieren.

Alexandra Wölke (geb. 1978)
Sophokles: Antigone – Eine Inhaltsangabe (1. Teil)

Die Handlung spielt in Griechenlands mythischer Vorzeit in der Stadt Theben. Um die Herrschaft in dieser „Polis",[1] einem antiken griechischen Stadtstaat,[1] ist gerade ein erbitterter Kampf zwischen den Königssöhnen Eteokles und Polyneikes zu Ende gegangen. Die Vereinbarung,[2] die Herrschaft im jährlichen Wechsel auszuüben,[2] ist gescheitert,[3] weshalb der da-
5 raufhin vertriebene Polyneikes die Stadt gewaltsam zurückerobern wollte. Die Brüder haben sich im Kampf gegenseitig ermordet und so kommt ihr Onkel Kreon an die Macht. Die Königsbrüder haben noch zwei lebende Schwestern namens Antigone und Ismene,[4] die allerdings als Frauen keinen Anspruch auf den Thron haben.

Vor dem Palast sucht Antigone das Gespräch mit Ismene,[5] um sie zur Mithilfe ihres noch
10 geheimen Planes zu bewegen. Sie will dem Gebot Kreons,[6] den Bruder Polyneikes unbestattet den Vögeln zum Fraß zu überlassen,[6] zuwiderhandeln. Ismene lehnt jedoch aus Angst vor der Staatsgewalt ab und sieht keinen Sinn darin,[7] sich aufzulehnen. Als der neue Herrscher Thebens vor den Stadtältesten seine Antrittsrede hält,[8] hat Antigone seine Anweisung bereits übertreten und an dem Toten die heiligen Bestat-
15 tungsriten vollzogen,[9] ohne ihn jedoch vollständig begraben zu können. Ein Wächter,[10] den Kreon bei der Leiche postiert hat,[10] berichtet von der Zuwiderhandlung und wird abermals losgeschickt,[11] um den Täter zu finden. Alle Beteiligten können sich für diese kühne Tat nur einen Mann als Schul-
20 digen vorstellen. Der Chor,[12] der aus den Stadtältesten besteht,[12] besingt in seinem ersten sogenannten Standlied die „ungeheuren" Fähigkeiten des Menschen.

Der Wächter kommt zurück und beschuldigt Antigone der Tat. Sie sei abermals bei der Leiche gewesen,[13] die die Wäch-
25 ter vom Sand befreit haben,[13] und habe die Bestattungsrituale am Leichnam,[14] nämlich das Bestreuen mit Sand und den Weiheguss,[14] wiederholt. Als sie befragt wird,[15] rechtfertigt sie ihre Tat mit dem Verweis auf das göttliche,[16] ungeschriebene Gebot,[17] Tote zu bestatten. Kreon kündigt
30 an,[18] sowohl Antigone als auch ihre Schwester Ismene mit dem Tod zu bestrafen. Daraufhin solidarisiert sich Ismene mit Antigone und bekennt sich zu der Tat,[19] obwohl sie daran keinen Anteil hat. Antigone hört sie an,[20] aber sie weist ihr Ansinnen zurück und will allein in den Tod gehen. Der
35 Chor besingt in seinem zweiten Standlied die leidvolle Geschichte der königlichen Familie,[21] der Labdakiden,[21] und die Macht des Schicksals über den Menschen.

Antigone (Andrea Wenzl) und Kreon (Günter Franzmeier), Volkstheater Wien, 2011

1 *Einschub (Apposition)* _____

2 _____

3 _____

4 _____

5 _____

6 _____

7 _____

8 _____

9 _____

10 _____

11 _____

12 _____

13 _____

14 _____

15 _____

16 _____

17 _____

18 _____

19 _____

20 _____

21 _____

2. Hier ist nun der zweite Teil der Inhaltsangabe abgedruckt. Setzen Sie die fehlenden Kommas. Überprüfen Sie anschließend mithilfe des Lösungsteils, wie sicher Sie in der Kommasetzung sind.

Sophokles: Antigone – Eine Inhaltsangabe (2. Teil)

Kreons Sohn Haimon ist der Verlobte Antigones. Er startet den Versuch den Vater umzustimmen und argumentiert damit dass dies auch der heimliche Wille des thebanischen Volkes sei. Als Kreon unnachgiebig bleibt droht der Sohn mit Selbstmord. Der Chor besingt in seinem dritten Standlied die Macht des Eros des Gottes der begehrlichen Liebe.

(5 Kommas)

5 Antigone wird dazu verurteilt lebendig in ein Felsengrab gesperrt zu werden wo sie sterben soll. Sie stimmt selbst ihre Totenklage an und beweint sowohl ihr persönliches als auch das Schicksal ihrer Familie. Der Chor erinnert in seinem vierten Standlied an jene mythischen Figuren die ein ähnliches Schicksal erdulden mussten wie jetzt Antigone.

(3 Kommas)

Ein blinder Seher Teiresias wendet sich an Kreon und warnt ihn. In seiner Vogelschau

10 einer Weissagungsmethode bei der aus der Art des Vogelflugs die Zukunft gedeutet wird habe er gesehen dass sich die Götter von der Stadt abwendeten. Dies sei Kreons Schuld

weil er durch sein Bestattungsverbot zugelassen habe dass die Opferaltäre entweiht würden. Dieser lässt sich zunächst nicht beeindrucken und unterstellt dem Seher ein eigennütziges Motiv. Er wirft ihm vor dass er von seinen Gegnern mit Geld bestochen worden

15 sei und sich ihm deshalb entgegenstelle. Erst als Teiresias den Untergang seines gesamten Hauses voraussagt lenkt Kreon erschüttert ein. Er will den Ratschlag des Chors befolgen Polyneikes zu bestatten und Antigone aus der Felsengruft zu befreien. In seinem fünften und letzten Standlied beschwört der Chor den Gott Dionysos und bittet um Heil für die Stadt.

(11 Kommas)

20 Für eine Wendung des Schicksals ist es jedoch bereits zu spät. Ein Bote berichtet davon dass sich Antigone in ihrem steinigen Grab erhängt habe. Haimon richtet darauf in seiner Verzweiflung das Schwert zuerst gegen seinen eintreffenden Vater aber diesem gelingt die Flucht. Haimon begeht daraufhin Selbstmord. Als Eurydike die Gattin Kreons davon erfährt verflucht sie ihren Mann als Kindesmörder und ersticht sich. Kreon bleibt

25 allein als gebrochener Mann zurück und erkennt seine Verfehlung an.

(5 Kommas)

(2011)

Das Komma in Aufzählungen

Regel

1. Das Komma steht zwischen **unverbundenen Wörtern und Wortgruppen**, die eine Aufzählung beinhalten.
   Beispiel: Sie liest Krimis, historische Romane von Tanja Kinkel, Biografien und romantische Gedichte besonders gern.

2. Werden einzelne Wörter, Wortgruppen oder Sätze durch eine **nebenordnende Konjunktion** miteinander verbunden, steht in der Regel kein Komma. Solche nebenordnenden Konjunktionen sind: **und, oder, beziehungsweise, sowie, entweder ... oder, sowohl ... als auch, weder ... noch**.
   Beispiel: Kinder **sowie** ältere Menschen sind im Straßenverkehr besonders gefährdet.
   Er hatte **weder** eine SMS geschrieben **noch** angerufen.
   Ella fährt in den Ferien **entweder** nach Weimar **oder** nach Dresden.

3. Vor nebenordnenden Konjunktionen, die einen **Gegensatz oder eine Einschränkung** ausdrücken, muss ein Komma gesetzt werden. Solche Konjunktionen sind: **aber, doch, jedoch, sondern, nicht nur ..., sondern auch**.
   Beispiel: Er will **nicht nur** faulenzen, **sondern** sich auch in der Gemeinde engagieren.
   Komm schnell zurück, **aber** fahre vorsichtig!

4. Werden **vollständige** Hauptsätze durch nebenordnende Konjunktionen miteinander verbunden, kann ein Komma gesetzt werden, um die Gliederung des Gesamtsatzes zu verdeutlichen oder Missverständnisse zu vermeiden.
   Beispiel: Er wollte zunächst eine Ausbildung machen(,) **und** später wollte er noch ein Studium beginnen.
   Sie war **weder** unzufrieden(,) **noch** war sie demotiviert.
   Ella fährt in den Ferien **entweder** nach Weimar(,) **oder** sie fährt nach Dresden.

1. Tragen Sie in die folgenden Sätze die fehlenden Kommas ein. In einigen Fällen können Sie sich entscheiden, ein Komma zu setzen. Lesen Sie zuvor noch einmal sorgfältig die Regeln in dem Kasten auf S. 90.

- Füllen Sie zunächst den Fragebogen aus und errechnen Sie dann die erreichte Punktzahl bzw. den Mittelwert.

- Im Programmkino sind folgende Filme zu sehen: „Die Bücherdiebin" „Der Medicus" „Der Vorleser" und „Casablanca".

- Nach dem Abitur will Marie entweder sofort mit dem Studium beginnen oder ein Praktikum in einem Architekturbüro einem Verlag oder einer Buchhandlung absolvieren.

- Leonas fotografiert einen Goldhamster und seine Freundin Lara liest ein Buch.

- Jonas studiert nicht nur Psychologie sondern er macht gleichzeitig eine Ausbildung zum Telefonseelsorger.

- Später wird er entweder in einer deutschen Klinik arbeiten oder er wird sich im Ausland im Rahmen des Entwicklungsdienstes engagieren.

- Die Software ist weder funktionsfähig noch für uns geeignet aber sehr teuer.

- Sollen wir für das Referat eine PowerPoint-Präsentation erstellen oder ist das nicht notwendig?

- Rosalie will in den Ferien nicht in Urlaub fahren sondern sich um einen Schülerjob kümmern.

- Lukas hat seinen Urlaub bereits gebucht jedoch erst für die letzte Ferienwoche.

Regel

5. **Gleichrangige Gliedsätze/Nebensätze**, die von *einem* Hauptsatz grammatisch abhängen, dürfen nicht durch Komma getrennt werden, wenn sie durch eine **nebenordnende Konjunktion** wie **und** bzw. **oder** verbunden sind.
   Beispiel: Er fragte sich, ob die Entscheidung richtig war **oder** ob er nicht doch besser etwas anderes hätte wählen sollen.

6. **Vor einer nebenordnenden Konjunktion** wie **und**, **oder**, **sowie** ... steht ein Komma, wenn ein Gliedsatz/Nebensatz vorausgeht und der Hauptsatz fortgesetzt wird. In diesem Fall zeigt das Komma an, dass der Gliedsatz/Nebensatz beendet ist.
   Beispiel: Sie macht zunächst ihre Hausaufgaben, weil sie am Abend keine Zeit dafür hat, **und** will anschließend ihren Freund besuchen.

Weitere Informationen zur **Zeichensetzung bei Gliedsätzen/Nebensätzen bzw. in Satzgefügen** finden Sie auf der S. 94.

---

2. Tragen Sie in die folgenden Sätze die fehlenden Kommas ein. Denken Sie dabei auch daran, dass Gliedsätze/Nebensätze durch Kommas vom Hauptsatz abgetrennt werden.

- Er fragte sich ob die Entscheidung richtig war ob er nicht doch besser etwas anderes hätte wählen sollen oder ob er sich nicht zuvor von einem Experten hätte beraten lassen sollen.

- Der alte Mann vollführt merkwürdige Gesten am Fenster weil er den Jungen aufheitern will und löscht anschließend das Licht.

- Während sie gemütlich auf dem Sofa ein Buch liest einen Espresso trinkt und während sie nebenbei im Hintergrund Musik hört wird im Erdgeschoss eingebrochen.

- Der Busfahrer bremst so stark ab dass sich die Fahrgäste festhalten müssen und das Gepäck auf den Boden fällt.

- Esra ist sich nicht sicher ob er studieren oder eine Ausbildung beginnen soll und deshalb besorgt er sich einen Termin bei der Arbeitsagentur bzw. bei der Berufsberatung in der Schule.

- Du solltest am besten ins Bett gehen wenn du dich nicht wohlfühlst oder einen Arzt aufsuchen.

- Lea schließt eine Handyversicherung ab nachdem sie sich zum Kauf des teuren Geräts entschieden hat und besorgt sich zusätzlich eine Schutzhülle die preiswert ist und außerdem auch noch elegant aussieht bzw. zu ihrer Schultasche passt.

3. Tragen Sie in den folgenden Text die fehlenden Kommas ein. Es handelt sich dabei um einen Auszug aus einer Textanalyse zu Sophokles' antiker Tragödie „Antigone".

[...] Der Gang der Handlung wird immer wieder von Liedern des Chores unterbrochen. Mit diesen Liedern wird das Geschehen reflektiert und die zugrunde liegende Thematik wird verdeutlicht. Die ersten beiden Lieder handeln vom Menschen von seinen Fähigkeiten aber auch von seinen Begrenzungen. Für die Deutung ist Folgendes wichtig: Das erste Standlied ist zwar nach der Tat Antigones jedoch vor ihrer Entdeckung angesiedelt das zweite indes nachdem Antigone ein weiteres Mal die Bestattungsriten am Leichnam vollzogen hat und dabei gefasst vor Kreon geführt und zum Tode verurteilt worden ist. Der Chor weiß also erst beim Vortrag bzw. beim Singen des zweiten Standliedes von Antigones unheilvollem Schicksal. [...]

(Alexandra Wölke, 2011)

Das Komma bei Einschüben und nachgestellten Erläuterungen

Regel

1. Einschübe und an das Satzende angehängte Erläuterungen werden durch Komma abgetrennt und dadurch besonders hervorgehoben. Einschübe und Nachträge lassen sich in der Regel aus einem Satz heraushören, weil sie durch Sprechpausen verdeutlicht werden. Manchmal werden sie durch Wörter wie **also**, **nämlich**, **und zwar**, **z. B.** eingeleitet. Handelt es sich um einen Einschub, achten Sie unbedingt darauf, ein Komma davor und dahinter zu setzen.
Beispiel: Goethe, **einer der bedeutendsten deutschen Dichter**, starb 1832 in Weimar.
Bertolt Brecht, **1898 in Augsburg geboren**, hat eine eigene Theaterform entwickelt, **und zwar das sogenannte epische Theater**.

2. In einigen Fällen ist es Ihnen überlassen, ob Sie innerhalb eines Satzes bestimmte Teile durch Komma abtrennen und somit hervorheben möchten. Häufig ist dieses bei adverbialen Bestimmungen der Fall. Mit dieser Möglichkeit sollten Sie jedoch sparsam umgehen, weil der Lesefluss dadurch auch zu sehr unterbrochen werden kann. Steht der Ausdruck am Satzanfang, wird kein Komma gesetzt.

Beispiel: Sie kaufte sich(,) **wegen des niedrigen Preises**(,) das Buch.

Wegen des niedrigen Preises kaufte sie sich das Buch.

1. Tragen Sie in die folgenden Sätze die fehlenden Kommas ein. Überprüfen Sie zunächst, ob es sich um einen Einschub oder eine nachgestellte Erläuterung handelt, die durch Kommas abgetrennt werden müssen, oder ob Sie sich im Einzelfall entscheiden können, einen Einschub durch Kommas hervorzuheben.

- Der Autor Bertolt Brecht geboren am 10.02.1898 in Augsburg und gestorben am 14. August 1956 in Berlin gilt als der Erfinder des sogenannten epischen Theaters.

- Bertolt Brecht vereinte in dem Begriff episches Theater zwei Großgattungen der Literatur die Epik und die Dramatik also die erzählende Literatur und das Theaterspiel.

- Was der Erzähler in einem epischen Text leistet nämlich die Kommentierung des Geschehens sollte in einem Theaterstück durch besondere Effekte z. B. das Heraustreten der Schauspieler aus ihrer Rolle ermöglicht werden.

- Durch sogenannte Verfremdungseffekte z. B. das Einfügen von kommentierenden Songs in die Handlung oder das Präsentieren von Spruchbändern sollte im Zuschauer eine Distanz zum Geschehen aufgebaut werden.

- Auf diese Weise sollten die Zuschauer nach den Vorstellungen Brechts Menschen aus dem einfachen Volk ein kritisches Bewusstsein erhalten und zwar hinsichtlich ihrer eigenen gesellschaftlichen Gegebenheiten.

- Brechts berühmtes Schauspiel „Mutter Courage und ihre Kinder – Eine Chronik aus dem Dreißigjährigen Krieg" geschrieben in den Jahren 1938 und 1939 und zwar kurz vor Ausbruch des Zweiten Weltkriegs wurde am 19. April 1941 am Schauspielhaus Zürich uraufgeführt.

- Darin geht es um eine Frau genannt „Mutter Courage" die während des Dreißigjährigen Krieges skrupellos auf ihren geschäftlichen Profit bedacht ist und dadurch ihre Kinder es sind insgesamt drei verliert.

- Von Willy Haas einem deutschen Publizisten Drehbuchautor und Filmkritiker wurde das Schauspiel „Mutter Courage" wegen seiner inhaltlichen Gestaltung und wegen seines Aufbaus als „Brechts Meisterwerk" bezeichnet.

Das Komma in Satzgefügen

Regel

1. Das Komma trennt **Haupt- und Gliedsatz/Nebensatz** voneinander (einfaches Satzgefüge). Der Nebensatz kann vor dem Hauptsatz stehen, dahinter oder in ihn eingeschoben sein.
   Beispiel: **Weil das Buch so erfolgreich war**, wird es einen Nachfolgeband geben.
   Das Haus, **das gerade renoviert wird**, kann ab Februar vermietet werden.
   Er wollte wissen, **ob sie mit der Facharbeit schon fertig sei**.

2. Das Komma steht zwischen Gliedsätzen/Nebensätzen, die **voneinander abhängig** sind (komplexes Satzgefüge).
   Beispiel: **Als sie den Computer, den sie sich gerade gekauft hatte, aus der Verpackung nahm**, stellte sie fest, **dass das Kabel, welches der Händler kostenlos hinzulegen wollte, fehlte**.

3. **Verkürzte Gliedsätze**, bei denen z. B. die Konjunktion eingespart wird, werden ebenfalls durch Komma vom Hauptsatz abgetrennt.
   Beispiel: **Hätte er besser zugehört**, wüsste er es jetzt.   Ich hoffe, **ihr habt zugehört**.
   Wenn er besser zugehört hätte, wüsste er es jetzt.   Ich hoffe, **dass ihr zugehört habt**.

1. Tragen Sie in die folgenden Satzgefüge die fehlenden Kommas ein. Als Hilfe sollten Sie zunächst die Hauptsätze unterstreichen und die Gliedsätze/Nebensätze mit einer Wellenlinie versehen. Alle Sätze beziehen sich auf das antike Drama „Antigone" von Sophokles.

- Im Drama „Antigone" das im Jahre 442 oder 441 v. Chr. von Sophokles geschrieben und erstmals aufgeführt wurde geht es um die Frage nach den sittlichen Maximen für das Zusammenleben der Menschen.

- Dargestellt wird der Widerstand einer jungen Frau mit Namen Antigone gegen das vom Herrscher Kreon erlassene Verbot dass Polyneikes der sein Feind ist bestattet wird.

- Polyneikes der gleichzeitig Antigones Bruder ist hat die gewaltsame Unterwerfung der Stadt Theben versucht.

- Da Antigone an dem getöteten Bruder die heiligen Bestattungsrituale gegen den Willen Kreons vollzieht wird sie von diesem dazu verurteilt dass sie lebendig in einer Grabkammer eingeschlossen wird.

- Dieses Urteil wird sowohl von dem Sohn des Herrschers (Haimon) welcher mit Antigone verlobt ist als auch von dem Seher Teiresias infrage gestellt.

- Beide warnen Kreon vor den Folgen seines Tuns mit welchem er das heilige Recht der Götter missachtet und seine eigene Macht überschätzt.

- Kreon hört in seiner Verblendung erst zu spät auf die unheilvollen Zeichen und wird grausam bestraft indem seine Frau Eurydike und sein Sohn Haimon Selbstmord begehen.

- Wäre er dem Rat des Sehers gefolgt hätte das Geschehen für ihn einen anderen Ausgang genommen.

- Das Drama zeigt dass die Menschen obwohl sie über ungeheure Fähigkeiten verfügen dem Schicksal nicht entgehen können.

2. In dem folgenden, in verschiedene Abschnitte unterteilten Text fehlen die Kommas. Überwiegend geht es um Satzgefüge, es sind jedoch auch einige Aufzählungen und Einschübe enthalten, die durch Kommas abgetrennt werden müssen.

Alexandra Wölke
Von Göttern und Menschen: Antike Mythologie

Das Weltbild der Antike wie es sich im Drama „Antigone" darstellt fußt auf mythologischen (sagenhaften) und religiösen Vorstellungen die unseren heutigen sehr fremd sind. Daher werden im Folgenden einige diesbezügliche Grundlagen erläutert die für das Gesamtverständnis der Tragödie die eine Form des Dramas darstellt relevant sind.

(6 Kommas)

5 Die griechische Religion kennt viele verschiedene Gottheiten sie ist also polytheistisch. Die Götter haben dabei deutlich menschliche Eigenschaften worin ein entscheidender Unterschied zu den monotheistischen (von einer Gottheit ausgehenden) Religionen Judentum Christentum und Islam besteht. Die griechischen Götter können leidenschaftlich eifersüchtig zornig ausgelassen und kampfeslustig sein. Auch intime Verhältnisse zu den Menschen
10 aus denen zuweilen Kinder hervorgehen kommen vor. Deshalb gibt es auch den Zwischenstatus des Halbgotts.

(8 Kommas)

Den Menschen der Antike erschienen die sie umgebende Natur und ihre eigene Geschichte
15 als gottgegeben und durch die Götter bzw. das Schicksal bestimmt. Deshalb gibt es mythologische Erzählungen die das konkrete Leben und die Erfahrungen der Menschen durch die Existenz göttlicher Mächte erklärbar machen. So ranken
20 sich um die Schicksale einzelner Königsfamilien von denen es heißt dass sie von den Göttern abstammten sagenhafte Geschichten die zunächst mündlich und später auch in Form von Epen (Erzählungen in Versform) und Dramen überliefert
25 wurden. Die Antigone-Figur etwa stammt aus dem Mythenzyklus welcher sich um die Herrscherfamilie des Stadtstaates Theben rankt dem sogenannten thebanischen Sagenkreis.

(7 Kommas)

Zeustempel (Rekonstruktion), Holzstich von Georg Rehlender, 1903

Auch die Entstehung der Welt und ihre Ordnung wurden durch das Wirken der Götter erklärt.

30 Aus dem Kampf der Gottheiten resultierte der Zerfall der Welt in verschiedene Bereiche. In der Forschung existiert die Theorie dass die ältesten Gottheiten weiblich waren und mit dem Glauben an sie eine völlig andere Gesellschaftsform korrespondierte in welcher den Frauen die größte Macht zugestanden wurde. In diesem Zusammenhang spricht man vom sogenannten „Matriarchat". Mit dem Aufkommen der männlichen Vorherrschaft in Familie und

35 Staat veränderte sich auch die Vorstellung der Menschen vom göttlichen Kosmos. Weibliche Gottheiten wurden zunehmend verdrängt und mit dem Element der Erde gleichgesetzt während männliche Gottheiten dem Himmel bzw. dem Olymp zugeordnet wurden. Deshalb kennt das antike Griechenland die Unterscheidung zwischen erdhaften und himmlischen (olympischen) Gottheiten. Daneben unterscheidet man noch das Element des Meeres. Dem

40 Mythos nach ist der gesamte Kosmos unter den drei Götterbrüdern Zeus dem Beherrscher des Himmels und der Erde Poseidon dem Herrn des Meeres und Hades dem Herrn der Unterwelt aufgeteilt. Der Name Hades wird auch als Synonym für die Welt der Toten gebraucht.

(9 Kommas)

Damit der Mensch in das Schattenreich gelangen kann muss der Unterweltfluss Acheron überquert werden. Antigone benutzt in ihrer Klage dessen Namen als Synonym für den Tod.

45 Der Fährmann Charon wartet am Ufer und nimmt nur diejenigen mit in sein Boot welchen eine rituelle Bestattung zuteil wurde und denen zudem eine Münze für die Überfahrt unter die Zunge gelegt wurde. Unbestattete hingegen können nicht an den Ort kommen der für sie bestimmt ist was sowohl ihr persönliches Recht auf eine Weiterexistenz als körperlose Wesen (Schatten) als auch das Recht der unteren Götter auf den Leichnam verletzt.

(4 Kommas)

(2011)

Das Komma bei Infinitivgruppen

Regel

Unter einer **Infinitivgruppe** versteht man einen **Infinitiv mit zu**, zu dem **weitere Wörter bzw. Satzglieder** hinzukommen. Eine Infinitivgruppe hängt von einem übergeordneten Hauptsatz ab. Die Infinitivgruppe kann vor oder hinter dem Hauptsatz stehen oder darin eingefügt sein. In diesem Fall steht vor und hinter der Infinitivgruppe ein Komma.

Beispiel: Die Frau verbirgt ihr Gesicht, um ihre Angst nicht **zu zeigen**.
Um ihre Angst nicht **zu zeigen**, verbirgt die Frau ihr Gesicht.
Die Frau verbirgt, um ihre Angst nicht **zu zeigen**, ihr Gesicht.

In folgenden Fällen **muss** eine Infinitivgruppe durch Komma vom Hauptsatz **abgetrennt werden**:

1. Die Infinitivgruppe bezieht sich auf ein **Nomen/Substantiv** im übergeordneten Satz.
Beispiel: Jana hat nicht die **Möglichkeit**, ihrem Wunsch entsprechend **zu studieren**.

2. Die Infinitivgruppe bezieht sich auf ein Wort wie **daran**, **darauf**, **dazu**, **damit**, **es** im übergeordneten Satz.
Beispiel: Sie schafft **es** nicht, sich gegen den autoritären Herrscher **durchzusetzen**.
Sie achtet **darauf**, nicht erkannt **zu werden**.

3. Die Infinitivgruppe wird mit **um (zu)**, **anstatt (zu)**, **statt (zu)**, **ohne (zu)**, **außer (zu)**, **als (zu)** eingeleitet.
Beispiel: Antigone bestattet den Bruder, **ohne** sich um den Befehl des Herrschers **zu kümmern**.
Um Rache **zu üben**, verurteilt Kreon Antigone zum Tod.

In den anderen Fällen kann eine Infinitivgruppe durch Komma **abgetrennt werden**.
Beispiel: Sie erwartet nicht(,) begnadigt **zu werden**.

Ein einfacher Infinitiv mit zu kann abgetrennt werden, wenn ein Nomen/Substantiv oder ein anderes Wort im übergeordneten Satz darauf hinweist. Das Komma muss jedoch nicht gesetzt werden.
Beispiel: Sie hat nicht die **Absicht(,) wiederzukommen**.
Der Junge vermeidet **es(,) aufzuschauen**.

1. Tragen Sie in die folgenden Sätze die fehlenden Kommas ein. Überlegen Sie zuvor, ob die Infinitivgruppe eingeleitet wird oder ob im Hauptsatz ein hinweisendes Wort steht und sie demnach ein Komma setzen müssen oder ob es freigestellt ist, dieses zu tun.

- Mit seinen Fähigkeiten mit der Gottheit zu kommunizieren und die Zukunft vorauszusagen gilt der blinde Seher Teiresias als Mittler der Götter- und der Menschenwelt.

- Ein Knabe begleitet ihn um den Blinden zu führen.

- Anstatt sich wie Kreon von seinen Emotionen leiten zu lassen agiert Teiresias sehr bedächtig und überlegt.

- Er macht Kreon den Vorwurf unbelehrbar und verblendet zu sein.

- Kreon denkt nicht daran sich in die göttliche Ordnung einzufügen und vertut am Schluss seine letzte Chance gerettet und geheilt zu werden.

- Die Schülerinnen und Schüler des Leistungskurses Deutsch beabsichtigen einige Szenen aus der Tragödie einzustudieren und aufzuführen.

- Um die Beziehungen der Figuren besser verstehen zu können bauen sie zunächst einige Standbilder.

- Dabei geht es darum den Text genau zu untersuchen und anschließend mit eingefrorenen Gesten und Körperhaltungen das Beziehungsgefüge zu verdeutlichen.

- Im Einzelfall kann es auch sinnvoll sein die Beziehung zunächst in einer Skizze festzuhalten um dann anschließend mit dem Standbildbau zu beginnen.

- Wichtig ist es die Personen bis in die kleinste Nuance (Handhaltung, Blick ...) aufzustellen.

- Dabei muss immer wieder versucht werden einen unmittelbaren Bezug zur Textvorlage herzustellen.

2. Im Folgenden finden Sie einen Auszug aus einer Charakterisierung der Hauptfigur der antiken Tragödie „Antigone" von Sophokles. Tragen Sie die fehlenden Kommas ein. Es geht dabei um alle Kommaregeln, die Sie zuvor geübt haben.

Alexandra Wölke
Antigone – Eine Charakterisierung

Antigone entstammt einem königlichen Geschlecht und zwar dem Haus der Labdakiden. Den Mitgliedern ihrer Familie widerfährt seit Generationen immer wieder neues Unheil ein Umstand der auf einen Fluch zurückgeführt wird. So hat z. B. ihr Vater Ödipus unwissentlich seinen Vater erschlagen und seine Mutter geheiratet. Hiermit hat sich an ihm das
5 Schicksal erfüllt das ihm vorausgesagt wurde und dem er entfliehen wollte.

(4 Kommas)

Als er dies erkannte blendete er sich selbst und verließ seinen Herrschaftsbereich Theben um mit seiner Tochter Antigone in den Bergen umherzuziehen. Schon in der Vorgeschichte des Dramas wird somit Antigones Familiensinn als ein zentraler Bestandteil ihres Wesens erkennbar. Die weibliche Hauptfigur des Dramas hat drei Geschwister: Ismene Eteokles und
10 Polyneikes. Nach dem Tod ihrer beiden Brüder in der Schlacht um die Herrschaft in Theben hat nun ihr Onkel Kreon als neuer König die Regierungsgeschäfte übernommen.

(3 Kommas)

Da dieser als sein erstes Gesetz verkündet die Leiche des Polyneikes unbestattet zu lassen und ihn damit als Landes-
15 verräter zu ächten entschließt sie sich dazu Widerstand zu leisten. Sie vollzieht die heiligen Bestattungsriten an seinem toten Körper zweifach und wird dabei gefasst und von Kreon zum Tode verur-
20 teilt.

(3 Kommas)

Marie Spartali Stillman (1844–1927): Antigone

Antigones Denken und Handeln ist in erster Linie durch die tiefe und innige Verbundenheit mit ihrer Familie motiviert. So bezeichnet sie diese auch nach deren Tod als ihre „Lieben" (V. 10) und ist stolz darauf ihre verstorbenen Körper „alle einst gewaschen und geschmückt" (V. 901) zu haben. Da für sie die Philia die Familienliebe als zentrales Prinzip gilt
25 ist es für sie völlig unerheblich ob ihr Bruder Polyneikes der Verräter und Aggressor ist als der er von Kreon diffamiert wird. Sie bestattet ihn weil ihr schon allein die Vorstellung ihn den Vögeln und Hunden zum Fraß zu überlassen Schmerzen bereitet.

(9 Kommas)

(2011)

Rhetorische Figuren – Stilfiguren

- Wenn Sie einen Text, z. B. eine Rede, einen Sachtext, eine Werbeanzeige, eine Erzählung oder ein Gedicht analysieren (beschreiben und deuten) wollen, kommt es auch darauf an, die **sprachlichen Besonderheiten** zu kennzeichnen, um Ihre Aussagen zur Deutung informativ zu belegen.
- Diese sprachlichen Besonderheiten, die auch **rhetorische Figuren**, **Stilfiguren oder Stilmittel** genannt werden, sollten Sie immer mit den entsprechenden **Fachausdrücken** benennen.
- Welche Funktion diese rhetorischen Figuren im Textzusammenhang haben, kann man nicht allgemein sagen. In jedem Fall unterstützen sie eine bestimmte Aussageabsicht, die mit dem jeweiligen Text verbunden ist.

1. Im Folgenden finden Sie die Umschreibung unterschiedlicher rhetorischer Figuren. Welcher Fachausdruck gehört jeweils zu der Umschreibung? Wählen Sie den passenden aus dem Wortspeicher auf S. 100 aus und tragen Sie ihn in die rechte Spalte der Tabelle ein. Wenn Sie sich unsicher sind, schlagen Sie in einem Lexikon nach oder recherchieren Sie im Internet.

Umschreibung	Fachausdruck
Mehrere Sätze, Satzteile oder Verse beginnen mit dem gleichen Wort:	
Das Negative eines Sachverhalts wird durch positive Bezeichnungen verhüllt:	
Eine Reihe von Ausdrücken ist steigernd angeordnet:	
Allgemeinen Begriffen, Gegenständen, Tieren oder Pflanzen werden Eigenschaften und Verhaltensweisen zugeordnet, die nur Menschen zukommen:	
Ein Text besteht aus Sätzen, die so gebaut sind, dass überwiegend Hauptsätze aneinandergereiht werden:	
Eine Frage, auf die keine Antwort erwartet wird, weil die Übereinstimmung mit dem Angesprochenen vorausgesetzt wird:	
Der Sprecher meint das Gegenteil dessen, was er sagt:	
Wörter oder kurze Sätze stehen unverbunden nebeneinander:	
Mehrere Wörter bzw. betonte Silben beginnen mit dem gleichen Laut:	
Neuschöpfung eines Wortes, das es so bisher noch nicht gab und das manchmal nur in einem bestimmten Text verwendet wird:	
Eine deutliche Übertreibung: Ein Ausdruck wird so übersteigert, dass er wörtlich genommen nicht mehr zutrifft:	
Ein Wort wird aus dem üblichen Sprachgebrauch gelöst und so in einen anderen Zusammenhang eingeordnet, dass eine neue, übertragene Bedeutung entsteht:	

Ein Text besteht überwiegend aus Satzgefügen:	
Ein konkreter Gegenstand oder eine Farbe stehen für einen allgemeinen Sinnzusammenhang:	
Durch *wie, als ob* u. Ä. wird eine Beziehung hergestellt zwischen zwei Bereichen, zwischen denen es Gemeinsamkeiten gibt:	
Ein abstrakter Begriff wird in einem figürlichen Bild veranschaulicht:	
Die Bedeutung eines Wortes wird bereits durch den Klang ersichtlich:	
In aufeinanderfolgenden Sätzen werden die Satzglieder in gleicher Weise angeordnet:	
Wörter bzw. Satzglieder stehen innerhalb eines Satzes an ungewöhnlicher Stelle:	
Mehrere Wörter enthalten gleichklingende Vokale:	

die Hypotaxe/der hypotaktische Satzbau   der Vergleich   die rhetorische Frage

die Assonanz   die Lautmalerei/die Onomatopoesie   das Symbol   die Ironie

die Personifikation   die Alliteration   die Klimax   das Asyndeton   die Anapher

der Euphemismus   die Parataxe/der parataktische Satzbau   die Allegorie

die Hyperbel   der Neologismus   die Metapher   der Parallelismus   die Inversion

2. Im Folgenden ist die erste Strophe von Conrad Ferdinand Meyers Ballade „Die Füße im Feuer" abgedruckt. Welche rhetorischen Figuren können Sie identifizieren? Schreiben Sie die Fachausdrücke jeweils an den Rand.

Conrad Ferdinand Meyer (1825 – 1898)
Die Füße im Feuer

Wild zuckt der Blitz. In fahlem Lichte steht ein Turm.
Der Donner rollt. Ein Reiter kämpft mit seinem Ross,
springt ab und pocht ans Tor und lärmt. Sein Mantel saust
im Wind. Er hält den scheuen Fuchs am Zügel fest.
5 Ein schmales Gitterfenster schimmert goldenhell,
und knarrend öffnet jetzt das Tor ein Edelmann [...]

3. Wozu dienen die rhetorischen Figuren in diesem Fall überwiegend?

Zitieren

Grundregel

- Wörtliche Übernahmen (Zitate) aus Büchern, Briefen, Schriftstücken u. a. müssen durch **Anführungszeichen** kenntlich gemacht werden.
- Im Rahmen des Deutschunterrichts zitieren Sie vor allem dann, wenn Sie Aussagen zur Deutung **durch den Text belegen** wollen.
- Hinter das Zitat wird in Klammern immer die Quelle vermerkt, in der Regel handelt es sich dabei um die Zeilen- (Z. 7) oder bei einem Gedicht um die Verszahlen (V. 5). Zitieren Sie aus einem mehrseitigen Werk, muss auch die Seite angegeben werden (S. 46, Z. 15).
- Endet das Zitat mit einem Satzschlusszeichen, kommt hinter die schließende Klammer der Quellenangabe kein weiteres Schlusszeichen: „...!" (S. 12, Z. 4) In diesem Fall zitieren Sie das Satzschlusszeichen also mit.
- Fehlt am Ende des Zitats ein Satzschlusszeichen, steht dieses hinter der schließenden Klammer der Quellenangabe: „..." (S. 12, Z. 19).

Im Folgenden werden die wichtigsten Zitierweisen und weitere Besonderheiten anhand der ersten Strophe von Conrad Ferdinand Meyers Ballade „Die Füße im Feuer" erläutert (s. S. 100).

Zitierweisen

1. **Zitate mit hinweisendem Begleitsatz**

   Steht vor, innerhalb oder hinter dem Zitat ein hinweisender Begleitsatz, erfolgt die Kennzeichnung wie bei der wörtlichen Rede. Das gilt vor allem für den Fall, dass ganze Sätze zitiert werden.
   Beispiel: Die Ballade beginnt mit folgender Naturbeschreibung: „Wild zuckt der Blitz." (V. 1)
   „Wild zuckt der Blitz" (V. 1), so beginnt die Ballade.
   Möglich ist auch:
   „Wild zuckt der Blitz" (V. 1). So beginnt die Ballade.

2. **Eingebaute Zitate**

   Eleganter kann es oft sein, wenn Zitate in den eigenen Satzbau eingefügt werden. Ein Doppelpunkt wird in diesem Fall nicht gesetzt.
   Beispiel: Mit der Aussage „Wild zuckt der Blitz" (V. 1) wird von Beginn an eine unheimliche Atmosphäre erzeugt.
   Die Verbformen „kämpft" (V. 2), „lärmt" (V. 3) und „saust" (V. 3) bringen zum Ausdruck, dass der Reiter gehetzt ist und sich in einer emotionalen Ausnahmesituation befindet.

Besonderheiten

1. Manchmal erfordert es der eigene Satzbau, die Endung zitierter Wörter zu verändern. In diesem Fall werden die geänderten Wortendungen in eckige Klammern gesetzt. Das gilt auch, wenn der Satzbau innerhalb des Zitats verändert wird. Die in das Zitat eingefügten oder innerhalb des Zitats umgestellten Wörter werden in eckige Klammern gesetzt.
   Beispiel: Das „fahle[m] Licht[e]" (V. 1) erzeugt eine gespenstische Stimmung.
   Dass „Ein schmales Gitterfenster [goldenhell] schimmert" (V. 5), bringt zum Ausdruck, dass im Inneren des Gebäudes eine ganz andere Stimmung vorherrscht.

2. Wenn Teile eines zitierten Satzes ausgelassen werden, werden die Auslassungen durch drei Punkte und eckige Klammern gekennzeichnet.

   Beispiel: Der Mann „springt ab [...] und lärmt." (V. 3) Auf diese Weise wird deutlich, wie gehetzt er ist.

3. Eine wörtliche Rede, ein Titel oder ein Zitat innerhalb eines Zitats werden durch halbe Anführungszeichen kenntlich gemacht.

   Beispiel: Die Rednerin begann ihren Vortrag mit der Feststellung: „Conrad Ferdinand Meyers Ballade ‚Die Füße im Feuer' eignet sich in besonderer Weise dazu, sie szenisch aufzuführen oder in ein Hörspiel umzuarbeiten."

4. Wenn unmittelbar auf einen Textteil Bezug genommen wird, aber nicht wörtlich zitiert wird, verwendet man für die Quellenangabe die Abkürzung „vgl." (= vergleiche).

   Beispiel: Mehrere lautmalerische Formulierungen (vgl. V. 1, V. 3, V. 6) verdeutlichen, wie unheimlich die Szenerie ist.

5. Geht ein Zitat über zwei Zeilen, können als Quelle entweder beide Zeilen angegeben werden (Z. 1–2) oder man kann mit der Abkürzung f. (für: folgende Zeile) arbeiten (Z. 1 f.).

   Erstreckt sich das Zitat über mehrere Zeilen, können ebenfalls die Zeilen angegeben werden (Z. 1–3) oder man kann mit der Abkürzung ff. (für: folgende Zeilen) arbeiten (Z. 1 ff.).

6. Werden mehrere Verse zitiert, wird das jeweilige Versende im Zitat mit einem Schrägstrich (/) markiert.

   Beispiel: Das Enjambement „Sein Mantel saust/im Wind" (V. 3 f.) verdeutlicht, wie gehetzt der Reiter ist.

7. Ist im zitierten Text ein Fehler oder eine ungewöhnliche Schreibweise enthalten, wird originalgetreu zitiert. Der Fehler wird also mitzitiert, dahinter kann der Schreiber jedoch ein [sic] in eckigen Klammern setzen (sic = so, wirklich so), um zu verdeutlichen, dass er den Fehler nicht zu verantworten hat.

   Beispiel: In seiner Rezension mit dem Titel „Gespenstisch – Die Füsse (sic) im Feuer" legt der Verfasser den Schwerpunkt auf die besonders anschauliche Darstellungsweise Conrad Ferdinand Meyers.

Im Folgenden ist die Schlussstrophe der Ballade „Die Füße im Feuer" von Conrad Ferdinand Meyer abgedruckt.

[...]
Sie reiten durch den Wald. Kein Lüftchen regt sich heut.
Zersplittert liegen Ästetrümmer quer im Pfad.
Die frühsten Vöglein zwitschern, halb im Traume noch.
Friedselge Wolken schwimmen durch die klare Luft,
5 als kehrten Engel heim von einer nächtgen Wacht.
Die dunklen Schollen atmen kräftgen Erdgeruch.
Die Ebne öffnet sich. Im Felde geht ein Pflug.
Der Reiter lauert aus den Augenwinkeln: „Herr,
Ihr seid ein kluger Mann und voll Besonnenheit
10 Und wisst, dass ich dem größten König eigen bin.
Lebt wohl. Auf Nimmerwiedersehn!" Der andre spricht:
„Du sagst! Dem größten König eigen! Heute ward
Sein Dienst mir schwer ... Gemordet hast du teuflisch mir
Mein Weib! Und lebst! ... Mein ist die Rache, redet Gott."

(1882)

Jens Thiele: Illustration zu „Die Füße im Feuer", 2010

1. Tragen Sie in die folgenden Sätze aus einer Beschreibung und Deutung des Gedichts die fehlenden Zitate in der richtigen Form ein.

- Zu Beginn der letzten Strophe erfährt der Leser, dass beide nebeneinander _____

  _____ (V. 1). Hier wird deutlich,

  dass der Hausherr nicht untergeordnet ist.

- Im Gegensatz zum Beginn des Gedichts hat sich die Atmosphäre vollkommen gewan-

  delt, denn _____ (V. 1)

- Die Verkleinerungsform _____ (V. 1) findet eine Entsprechung im

  dritten Vers. Dort ist nämlich von den _____ (V. 3)

  die Rede.

- Zusammen mit den _____ (V. 4) wird auf

  diese Weise eine von Ruhe und innerem Frieden geprägte Stimmung verdeutlicht.

- Dass in der vorausgegangenen Nacht etwas Furchtbares passiert sein muss, bringen die

  _____ (V. 2) zum Ausdruck.

- Mit dem Vergleich _____

  _____ (V. 5) nimmt der Autor Bezug auf ein mögliches göttliches

  Eingreifen in das vergangene Geschehen.

- Die weiterhin existierende Angst des Reiters wird durch folgendes Zitat ersichtlich:

  _____ (V. 8).

- Mit dem abschließenden Satz _____

  _____ (V. 14) verweist der Edelmann auf eine höhere

  Gerechtigkeitsinstanz.

Textquellen

(Die Seitenzahlen in Klammern beziehen sich auf die Lösungen.)

S. 5: n-tv.de, dpa/AFP: Kinderbücher werden angepasst. Verlag streicht „Neger", Artikel vom 4.1.2013. Aus: http://www.n-tv.de/panorama/Verlag-streicht-Neger-article9892676.html [Stand: 4.6.2014]; S. 7-9: Iris Forster: Political Correctness/Politische Korrektheit. Homepage der Bundeszentrale für politische Bildung. Dossier: Sprache und Politik, Artikel vom 15.10.2010. Aus: http://www.bpb.de/politik/grundfragen/sprache-und-politik/42730/politische-korrektheit [Stand: 4.6.2014]; S. 12-13: o.V.: Die SOR-SMC FAQ: 10 Fragen – 10 Antworten zum Projekt. Homepage der Aktion „Schule ohne Rassismus – Schule mit Courage". Aus: http://www.schule-ohne-rassismus.org/faq.html [Stand: 4.6.2014], leicht verändert; S. 13: o.V.: Rassismus (Stichpunkte: Was ist Rassismus? Wie verbreitet ist Rassismus in unserer Gesellschaft?). Homepage des Mediendienstes Integration (MDI), Rubrik: Zahlen & Fakten. Aus: http://mediendienst-integration.de/desintegration/rassismus.html [Stand: 4.6.2014]; S. 14: o.V.: Flashmob im Einkaufszentrum/Web-Wächter. Projektbeschreibungen auf der Homepage der Aktion „Schule ohne Rassismus – Schule mit Courage". Rubrik: Aktivitäten der Schulen. Aus: http://www.schule-ohne-rassismus.org/aktivitaeten-schulen.html [Stand: 4.6.2014]; S. 22-23: Leserkommentar von Mathias Birsens (M3irsens) vom 19.1.2013 unter dem Artikel „Oh ‚Negerbaby'!" von Janine Kantara, Zeit online, Artikel vom 27.12.2012. Aus: http://www.zeit.de/2013/01/Kristina-Schroeder-Sprache-Rassismus?commentstart=1#comments [Stand: 4.6.2014]; S. 23: Victor Klemperer: „Worte können wie winzige Arsendosen sein ..." In: Ders.: LTI – Notizbuch eines Philologen, Sprache des Dritten Reiches, Stuttgart 1975, S. 23-24: Jonas Hampl: Schwarz geboren, zum Neger gemacht. Leserartikel auf ZEIT online vom 7.2.2013. Aus: http://www.zeit.de/gesellschaft/2013-02/leserartikel-rassismus-neger [Stand: 4.6.2014]; S. 24: Umfrage. Originalbeitrag (Daten: Emnid); S. 24: o.V.: Einleitung zum Thema des Monats (Auszug): Die Kinderbuch-Debatte: diskriminierungsfreie Sprache oder Werktreue? Kostenfreies Unterrichtsmaterial. Von „DIE ZEIT für die Schule" und der Peter Ustinov Stiftung. 2/2013; S. 27-29: Hans Fallada: Kleiner Mann – was nun? (Auszug). Aufbau Verlag (Aufbau Taschenbuch), Berlin 2010; S. 36: Kurt Tucholsky: Gedichte. Herausgegeben von Mary Gerold-Tucholsky. Rowohlt Taschenbuch Verlag, Reinbek bei Hamburg 1992; S. 42-43: Friedrich Schiller: Kabale und Liebe. 1. Akt, 4. Szene. Bearbeitet und mit Anmerkungen versehen von Helge Wilhelm Seemann. EinFach Deutsch. Hrsg. von Johannes Diekhans. Schöningh Verlag, Paderborn 2004, S. 18-21; S. 50-51: Jurek Becker: Warnung vor dem Schriftsteller. Drei Vorlesungen in Frankfurt. Erste Vorlesung (Auszug). Suhrkamp Verlag, Frankfurt a. M. 1990; S. 53-54: Siegfried Lenz: Der Künstler als Mitwisser. Eine Rede in Bremen (Auszug). In: Ders.: Beziehungen. Ansichten und Bekenntnisse zur Literatur. dtv, München 5. Aufl. 1979; S. 56: Ludwig Uhland: Frühlingsglaube. In: Ders.: Gedichte und Dramen in zwei Bänden. Bd. 1: Gedichte. Stuttgart o.J.; S. 57: Georg Heym: Frühjahr. In: Ders.: Dichtungen und Schriften. Gesamtausgabe. Hrsg. von K. L. Schneider. 4 Bd., Bd. 1: Lyrik. Hamburg/München 1960-1968, S. 13; S. 63-64: Frank Wedekind: Frühlings Erwachen (1. Akt, 1. Szene). Reclam: Stuttgart 1995, S. 5-6; S. 64-65: Friedrich Hebbel: Maria Magdalena. Erarbeitet und mit Anmerkungen und Materialien versehen von Yomb May. EinFach Deutsch. Hrsg. von Johannes Diekhans. Paderborn: Schöningh 2014; S. 71 (S. 22): „Dreckiges Gold gehört ... zu Lebzeiten drehte". Aus: Frankfurter Rundschau vom 7.2.2014, 70. Jahrgang, Nr. 32; S. 71 (S. 22): „Im Alter von 15 Monaten ... vier Millionen Dollar". Aus: Die Presse am Sonntag (Österreich) vom 2.3.2014, S. 38, Rubrik: Globus; S. 72 (S. 22): „Die Olympiasiegerin ... gegen den Verbandsentscheid an". Aus einer Meldung der Sportnachrichtenagentur „SID" vom 5.2.2014; S. 72 (S. 22): „Auf dem Cocktailempfang ... sprachlos machte. Aus: Ingeborg Harms: Der Bus der Berlinale. Aus: Die Zeit, Nr. 9/2014; S. 72 (S. 23): „Rauchen im Mutterleib ... Nikotingenuss". Aus: Medical Tribune vom 11.10.2013, Nr. 41; S. 72 (S. 23): „Der Opel ... nicht nüchtern". Aus: Westdeutsche Zeitung vom 24.2.2014, S. 9 (Krefeld); S. 72 (S. 23): „Knapp drei Jahre ... Toronto nachgewiesen". Aus: Die Berliner Morgenpost vom 2. 3.2014, Rubrik: WissenNews; S. 72 (S. 23): „Der unerlaubt von der Unfallstelle geflüchtete Fahrer ... von Renault aufweisen". Aus: Schwäbische Zeitung vom 16.1.2014, Ausgabe Sigmaringen; S. 72 (S. 23): „Neureuthers Nacken wird zur Achillesferse". Aus: Rhein-Zeitung vom 18.2.2014, Rubrik Sport; S. 72 (S. 23): „Sein Gebiss war ... französischen Akzent": Originalbeitrag; S. 73-74, S. 75, S. 78-79, S. 80 (S. 23-24, S. 24, S. 25): Alexandra Wölke: Gotthold Ephraim Lessing: Nathan der Weise verstehen. Der Inhalt im Überblick. EinFach Deutsch. Hrsg. von Johannes Diekhans. Paderborn: Schöningh 2011, S. 7-10, mit Veränderungen; S. 84 (S. 26): Franz Kafka: Die Verwandlung, Brief an den Vater und andere Werke. Erarbeitet und mit Anmerkungen versehen von Alexandra Wölke. EinFach Deutsch. Hrsg. von Johannes Diekhans. Paderborn: Schöningh 2013, S. 5-8; S. 85-86 (S. 26-27): Alexandra Wölke. Franz Kafka: Die Verwandlung verstehen. Der Inhalt im Überblick. EinFach Deutsch. Hrsg. von Johannes Diekhans. Paderborn: Schöningh 2013, S. 9-11, mit Veränderungen; S. 88, S. 89-90, S. 92, S. 95-96, S. 98 (S. 28, S. 29, S. 30, S. 31-32, S. 32): Alexandra Wölke: Sophokles: Antigone verstehen. Der Inhalt im Überblick/Beispiel für eine aspektgeleitete Analyse (Auszug)/ Von Göttern und Menschen: Antike Mythologie (Auszüge)/Ein Blick auf die Figuren (Auszug). EinFach Deutsch. Hrsg. von Johannes Diekhans. Paderborn: Schöningh 2011, S. 7-9, S. 125, S. 62-65, S. 93-94, mit Veränderungen; S. 100, S. 102: Conrad Ferdinand Meyer: Die Füße im Feuer (Auszüge). Aus: Ders.: Sämtliche Werke. Droemersche Verlagsanstalt, o.J.

Bildquellen

|3 Rooosen, Christian, Hamburg: 4. |a division of lexaart - lxp lexapix, Berlin: Axel Hörnig 4. |akg-images GmbH, Berlin: 35, 56, 63, 73, 75, 93, 95; Archiv Klaus Wagenbach 85. |Aktion Courage - Schule ohne Rassismus - Schule mit Courage, Berlin: 12. |Aufbau Verlag GmbH & Co. KG, Berlin: 28. |bpk-Bildagentur, Berlin: 41, 64, 69, 100. |Bridgeman Images, Berlin: 98. |Domke, Franz-Josef, Hannover: 3, 14, 38, 38, 38, 106. |fotolia.com, New York: sulupress 8; Thomas Kleber 37. |Hupfeld, Birgit, Bochum: 34. |Interfoto, München: Sammlung Rauch 57. |Picture-Alliance GmbH, Frankfurt/M.: 65; APA/picturedesk.com 88; dpa 23; Wolfgang Hilse 78; ZB 49. |SLUB/Deutsche Fotothek, Dresden: 44. |Thiele, Jens, Münster: 102. |Thienemann-Esslinger Verlag GmbH, Stuttgart: 5; Michael Ende: Jim Knopf und Lukas der Lokomotivführer, Thienemann Verlag, Stuttgart 2004 5. |ullstein bild, Berlin: 64; B. Friedrich 50; P/F/H 27; Zapf 53. |VG BILD-KUNST, Bonn: akg-images 40.